授業力＆学力アップ！

図解型板書で社会科授業

付・単元別社会科の図解アイディア集

寺本 潔・一ノ瀬喜崇 著

黎明書房

プロローグ

図解で分かる社会科を

社会科が教えにくいと聞こえてくる。「働く人の工夫や努力」「公共の仕事の意味」「生産や流通のしくみ」「先人の働き」「三権分立」など，道徳的な内容や複雑な関係・構造につながる内容が多いからだ。「○○さんの意見はいい意見だね」「結局，こういうことでいいでしょうか」と「できる子」の発言や教師側からの解答につながる言葉で授業をまとめてしまいがちになりはしないだろうか。つまり，学習問題を解決するための答えを文章でまとめてしまうだけにとどまっている。「工場で働く人々は品質の良い製品を工夫して作るように努力していますね」「立法・司法・行政の三権が互いに関係して国の政治が成り立っています」というように文章記述だけで分かったように済ませてしまっている。これで社会科が本当に教えやすい教科として教員に受け入れられているのだろうか。

ここに図解という視覚的な理解の方法を採用し，社会のしくみや構造を教える指導を心がけることで社会科指導力の向上が図れるとしたら，嬉しいことに違いない。本書を編集したねらいは，まさにここにある。図解を最も効果的に用いる場面は，黒板に記す板書である。板書を図解型に変えるだけで社会科指導が効果をあげる，そんなねらいが功を奏するのではないかと筆者らは考えたのである。

図解で社会事象を捉え，図解で児童同士が話し合い，図解でノートにまとめる。言葉で記すことで分かったつもりにならないで，図解で事象間の関係を明示し，全体像を把握することで社会の仕組み，つまり社会認識を深めることができるのではないか。トークとチョークだけで授業をするな，と先輩教師から叱られた方も多いかもしれないが，チョークの先から描き出される図や文字こそ，社会を認識させる上で重要な窓口になる。図解で「問い」の焦点と全体像がつかめるのでないか。本書が問題意識の視座に据えた視点はそこにある。内容を紹介しよう。

第１章は，社会科授業で図解を用いることの有効性について論じている理論編である。PISA 型学力を伸ばす上でも図解を板書に積極的に導入することで複雑な文脈を児童が整理できるのではないかと考えている。しかし，具体的にどのような方法で臨めば図解が可能になるのか，これについて第２章で基本的な手法を述べてある。図解そのものを児童がどう理解してくれるか，欲を言えば児童自身が将来的には図解で理解できる思考法を身に付けて欲しいと願っている。続く，第３章が実践報告である。一ノ瀬教諭による実験的な試みが随所に盛り込まれている。この実践記録を読んで是非，読者の皆さんも図解に挑戦して欲しい。

第４章は，言語力につながる学力形成と関連している点を述べた章である。言語活動の重視は全教科領域に求められていて図解による学習問題の共通化や図解を児童同士が作り変えながら討議していくことで一層の言語力の伸長が期待できる。さらに，第５章において社会科全単元で活用できる図解の一例をアイディアとして掲載した。著者らが工夫した図解案である。参考にしていただければ幸いである。

末筆ながら，本書の刊行に理解を頂戴し，支援頂いた黎明書房の武馬久仁裕社長と編集の労をとっていただいた斎藤靖広氏に記して感謝の意を表したい。

平成 20 年 8 月

著者を代表して　寺本　潔

目　次

第1章

社会科は図解で攻略する

第1節　社会科が求める学力と図解の効用

社会科が求める学力は，第一に社会生活に関する確かな理解力を培うことであり，第二に問題解決型の能力を身に付けること，第三に公民的資質の基礎を養うことに集約される。したがって，内容としては地理的な学習領域や歴史的，公民的な学習領域にいたる広範な内容について自己，モノ，他者などの観点から追究させる学習方法論を基調としているため，複雑な思考過程をとりながら学習が進められることが多い。つまり，社会科が扱う学習内容は複雑な社会事象であるため，理解を促すには何らかの工夫が必要となり，図解はその工夫の重要な一つなのである。

では，図解を教科書に積極的に掲載すればいいのではないか，との見方もできるが，実際は社会科の教科書には，事柄を箇条書き程度に示されているだけのページが多く，中にはキャラクターの吹き出しで結論が示唆されたり，文章で単元のまとめが記されたりするだけにとどまっている。おそらく，図解そのものの理解が必要になってくることと，難解なイメージにつながるため編集上，積極的には使ってこなかったのではないだろうか。

子どもにとっては，社会科が扱う内容は教科書を通してはじめて接する社会的事物・事象である。しかも複雑に入り組んだ事象も多いため，興味を持たせて学習させることは案外難しい。例えば，教科書にも掲載されている5年生の単元「国土の環境を守る」の場面で「自然を守ることと，くらしを便利にしていく開発とどちらが大切なのだろう」とか，単元「くらしを支える情報」の学習で「産業と情報にはどんなかかわりがあるのだろう」，6年生の単元「世界の中の日本」の学習場面で「平和を保つ以外に国連はどのようなはたらきをしているのだろう」などといった学習問題などは，なかなか難解な内容を含んでいる。そういった難しい問題を整理するためにも，図解を採用する姿勢が大切なのではないだろうか。

図解で理解させる方法は，教師にとり社会科の授業力をアップする仕事術といえる。具体的には図解で仕上げる板書指導がある。板書は，児童の思考の場であると同時に教師にとっての指導の場でもある。

ところで図解の基本はマルと三角，矢印である。社会科ではそれにプラスして実物や，資料写真，グラフ，統計などを黒板に貼り付け，「？」(ハテナ)のマークをわざと大きめに記して追究意欲を掻き立てる方法などで板書を完成する。基本的には1授業時間で板書1枚分が完成するように描くことが大事である。図解の一覧性を確保する上でも重要な工夫であろう。

本節では，教育技術面でも重要な側面を含んでいる図解の効用に関して，社会科が求める学力と絡めて以下の三点から考察してみたい。

1　知識と思考の作戦基地

板書は新しく登場してきた社会科用語や考え方などを視覚化して説明できるスグレモノである。「兼業農家」という用語を黒板に書き，「兼ねる」「なりわい（生業)」と言葉を分割して説明したり，専業農家と対比させて説明したりするなど，国語科のように漢字の意味や由来説明を黒板上で行うのに便利である。

「知識・理解に関する目標」はもちろん「思考や判断に関する目標」を達成する上でも板書による指導は欠かせない。

「スーパーマーケットでは売り場の位置に決まりでもあるのだろうか？」という学習問題を大きく板書し，黒板に調べたスーパーマーケットの平面図を貼り付けるだけで，思考は具体化する。「どうして，野菜や果物の棚が入り口近くにあり，奥に肉や鮮魚コーナー，出口近くにパンや飲み物コーナーがあるのだろうか？」などといった「問い」が板書によって初めて導き出される。子どもたちからは，「野菜や果物は毎日食べるものだから，入り口付近にあるのではないか」「肉や魚は夕食のメインだから，決まるまでに少し余裕が必要なのではないか」などといった発言が飛び出し，売り場と消費者である自分の推理も駆使して平面図を見つめるようになるだろう。

こうなれば，しめたものである。知識と思考の作戦基地としての図解型板書はこれからの複雑な社会を読み解くツールになる可能性に富んでいる。子どもの頭の中を整理整頓して知識や概念という引き出しに入れてあげる作業が大切なのである。他の教科にはない複雑な要因が絡み合っている社会事象ならではの指導の工夫であろう。

2　新たな気づきを生み出す図解

もう一つの効用として，授業の中で新たな気づきを引き出す役割がある。例えば，一本の線を水平に記すだけで時系列を発想できる。3年生「昔の暮らしと道具」の単元で洗濯板や風呂敷を登場させる授業場面で線を引き，時代によって道具が変わってきたことをつかませることができる。さらに，洗濯板や洗濯機などの文字の背後にその時代の暮らし方や家族の状況などを囲みで列記するだけで立派な図解型の年表となる。

黒板の左右に意図的に文字や資料を離して貼り付けることも図解を誘う工夫になる。真ん中が空いていることで，中に何かを埋めたくなり，左右の事柄をつなげて考える思考法にいたる。例えば，左側に「暖かい土地」と板書し，右側に「寒い土地」と記すだけで二項対立の思考が生まれ，空いている真ん中に「気候条件に応じた暮らし方」や「ほどよい気温の土地」などといった気づきがイメージできるようになる。図解そのものが意味を指し示し，新たな思考につないだり，発展させたりする。

3　全体を捉える眼

図解にはものごと全体の構造を視覚的に示すメリットがある。地球温暖化の原因や影響を関係図として表すことも図解ならではのメリットである。「図」の特性なのかもしれないが，言葉だけで表現できない微妙な距離感や重み感，因果関係等を図解はうまく表現できる。

ものごとの全体が図解で示されれば，大切なポイントも同時に示すことができる。全体があって初めてポイントもよりよく伝わるというものである。

このように図解は，物事を深く考える癖をつける上でも現代人に欠かせない思考法なのである。

以上，三点から図解の効用を述べてきたが，教師によるトークとチョークから描き出される図によって段階的に示されるのも，子どもにとっては興味を抱かせる魅力となる。授業の始めには，ラフな図示であったのが，次第に記入が増えてきて輪郭や事項がはっきりし，45分後にはその授業でつかませたいポイントが，ひと目でわかってしまうという面白味がある。

また，図解にあまりにも頼りすぎるのも無理を生じさせる。『図で考える人は仕事ができる』（日本経済新聞社）の著者である久恒啓一氏は，著書の中でこう述べている。「図解を始めた当初は，『こんなに一生懸命作った図解なんだから，見ればだれでも一目瞭然さ』と思いがちです。その気持ちが，コメントを省略させることになるのですが，あまりに自分の図解にのめり過ぎると，状況を客観的に判断できなくなってしまいます。図解初心者は，特にこの点に注意が必要です」（P81）と記している。

文章だけによる説明（コメント）に頼りすぎるのもよくないが，図解だけに依存してしまうのも考えものであることを彼は指摘しているのである。社会科授業で使う図解型板書でも，言葉をむやみに省略することがないように気をつけたいものである。

第2節　PISA 調査が求める読解力

現在，学力の質が問われている。それは，社会が激しく変化しているからである。変化の激しい社会では予測できない困難な課題が待ち受けているであろう。それを一つひとつ乗り越え，主体的・創造的に生きていく人間を育てるために小学校段階から，生涯にわたり学び続ける力の基礎を養う必要がある。また，学習で身に付けた力は，学校ばかりでなく実社会で生かされてこそ真の学力といえるのではないだろうか。

最近問題になったOECDの国際学力調査（PISA 調査），「読解力」（読解リテラシー）についても，実社会で生かされる力を求めたものだといえる。PISA 調査が求める読解力は，これまでの文章を読み理解するという意味と大きく異なっている。このことは，国立教育政策研究所の報告書，（国立教育政策研究所編『生きるために知識と技能―OECD 生徒の学習到達度調査（PISA）2003 年調査国際結果報告書』ぎょうせい）により容易に理解できる。そこでは，次のように読解力について解説されている。

① 読解力は，生涯学習の概念によって，今日ではもはや，学校教育の初期の段階でのみ習得される能力とはみなされず，替わって，個人が生涯にわたって様々な状況において，仲間や自分がその一員である地域社会の人々との相互作用を通じて構築する知識，技能といったように広い意味をもつ。

② 読解力とは，自らの目標を達成し，自らの知識と可能性を発達させ，効果的に社会に参加するために，書かれたテキストを理解し，利用し，熟考する能力である。

この点については，OECD 教育局指標分析課長アンドレア・シュライヒャー氏も「読解力とは，社会的な道具を使って，社会とつながりを持つ能力。社会を理解し，社会に貢献することを目的としている」（国立教育政策研究所編『OECD－PISA 調査から見る日本の教育：OECD 生徒の学習到達度調査（PISA）2000 年調査結果から見えてくる日本の教育と生徒の現状―アンドレア・シュライヒャー OECD 教育局指標分析課長講演会―』国立教育政策研究所）と，これまでの読解（reading）とは異なることを強調している。

実際に PISA 調査で出題された問題には，次の 2 つの形式がある。物語，解説，記述，議論，説得，指示，文書，記録といった文と段落から構成されている「連続型テキスト」と図・グラフ，表・マトリックス，地図といった「非連続型テキスト」の 2 つである。また，出題された問題の種類も，小説，伝記，公的な文書，マニュアル，報告書，教科書やワークシートなど実に多様である。つまり読解力が対象とするテキスト（文脈）は，実際の生活の中で直面する問題場面の理解やその解決に向けての方向性などを視野に入れているのである。まさに PISA が求める読解力とは，「書かれたテキスト」をもとに「社会に参加する」という実用的な能力であるといえる。例えば，「ごみを減らすためにはどうしたら良いか」という問題を理解し解決するためには，ごみが増えてきた原因やごみの増加による問題など，ごみにかかわる全体の事柄を読解した上で，自分もごみ問題に参加しようとする態度につながる力といえよう。

さて，この読解力の低下が PISA 調査によって明らかになり問題となっている。特に，読解のプロセスにおいて「テキストの解釈」「熟考・評価」に問題があることが分かった。こうした力を育成する上で，前節で述べられているように図解には大きな効果があると筆者らは考えている。

また，筆者らは 2000 年調査と 2003 年調査の結果から，中位層の生徒が下位層にシフトしていること，つまり，上位層と下位層の二極分化が読解力において起き始めていることも，読解力育成において解決しなくてはいけない点だととらえている。つまり成績下位層に目を向けた読解力育成の指導を行わなければ，できる子どもはでき，できない子どもはできないという格差を益々広げてしまうのではないかと危惧するのである。これは，読解力育成の留意点として，教員が押さえておかなくてはいけない重要な点であると考える。

筆者らは，この留意点に対処する具体的な方法として，学び合い型の授業に注目している。東京大学の苅谷剛彦教授を中心とした「地方からの教育改革」プロジェクトが犬山市内の公立小中学校５年生以上の児童・生徒に行った調査の中に，学び合い型の授業が格差を解消する実証的な資料がある（図1)。これを見ると，直線は右上がりであり，多様な学力をもっている子どもたちと学び合う頻度が高いほど，格差が縮まるということがわかる。

図1　「学び合い」頻度と格差縮小指標（対象教科算数・数学）

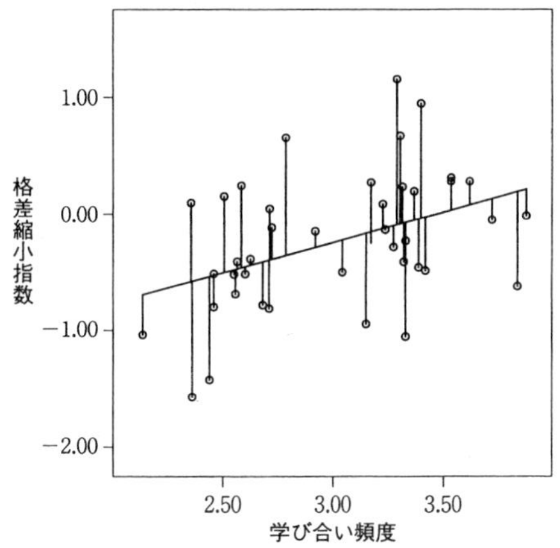

（苅谷剛彦他著『教育改革を評価する―犬山市教育委員会の挑戦―』岩波書店，2006年）

つまり，「学び合い」の教育実践には格差を縮小する効果があるといえるだろう。

さらに，「学び合い」型の授業がもたらす効果は，格差の縮小だけではなく，読解力の育成にも大きくかかわっているといえる。例えば，読解のプロセスの１つである「解釈」について考えてみる。そもそも解釈とは主観的なものであり，１つのテキストからでも個人のフィルターの違いにより多様な解釈が生まれるといえる。この多様な解釈を交流できるような学び合いの場面を作ることで，自分とは違う解釈をしているのはなぜか，テキストをどのように見て，何を取り出し解釈しているのかなどテキストに対する見方にも広がりが生まれてくる。つまり学び合いにより，自分の知らなかったテキストの取り出し方や見方を獲得，共有し，解釈する力を高めていくことができると考えられる。

以上のことから，筆者らはPISAが求める読解力を育成するためには，「学び合い」型の授業がとても大切になってくると考えるのである。そこで，「黒板」に注目したのである。黒板は教師と子どもによる協同思考，協同作業の場であるといわれる。つまり，黒板は学び合いにおいて大切な教具となるのである。その黒板で，教師と子どもによって図解の効用を生かした図解型板書を作っていくことは，読解力育成に大きくかかわるのではないだろうか。

第3節　社会科板書の先学

1　山口康助氏の板書構造化論

社会科板書の先学として，まずは当時，文部省の教科調査官であった山口康助氏の板書構造化論をあげたい。

1960年代当時，社会科学習指導要領の改訂や教科書検定の強化，文部省の全国一斉学力テストの実施，入学試験競争の激化などのために，社会科が著しく知識注入主義的な教育へと傾斜し，子どもたちは詰め込まれる知識の重荷にあえいでいた。このような状況の中，本当に大切な知識は何か，その授業で伝えるべき知識は何なのかということを教師は考える必要があった。その手段として，複雑な社会を構造的に捉え，中核となるものを見つけたり，知識を取捨選択したりする方法として構造図の有効性が注目されていた。

そのような中，山口氏は，OHPやスライドに比べ，手軽さ，自由さといった黒板の特徴を生かしながら，板書の構造化を行うことが大切であることを主張している。下に示したものが，この板書構造化の具体的な方法である。

①　一時間の学習のねらいを中核として，重要な学習事項を板書。

②　それを支える要素的な内容や資料（写真，絵図，グラフ）などを板書，あるいは貼付する。

③　そして，全体をくくり，たばね，あるいは板書事項の相互の関連，比

較，因果，発展などの関係をチョークによって図示する。

このような方法で，教師が子どもに伝達したい，理解させたいと予定している事項や概念，あるいは考えさせたい事柄をはじめから完結的にではなく，形成過程的に示していく。つまり，黒板の手軽さ，自由さを生かし，臨機応変に子どもたちの思考のペースに合わせ板書を進めていくことを主張している。

2 『社会科板書事項の精選と構造化』から学ぶ

当時の板書の構造化については，『社会科板書事項の精選と構造化』（井上弘監修，明治図書出版，1971年）からも学ぶことができる。この中から，数例板書の構造科例を紹介する。

⑴ 2年生単元「おまわりさんのしごと」の板書

―香川大学附属高松小学校・渡辺実践―

本単元の目標は，「生命財産を守るため，警察が仕事をしている」「警察官は，いつでもすぐに仕事に取りかかれる用意をしており，ときには，仕事のために生命の危険をともなうことがある」である。そして，本単元の3/4時間目，「警察官がピストルをもっているわけや組織的な活動をしていることに気づかせる」授業の板書がこれである。

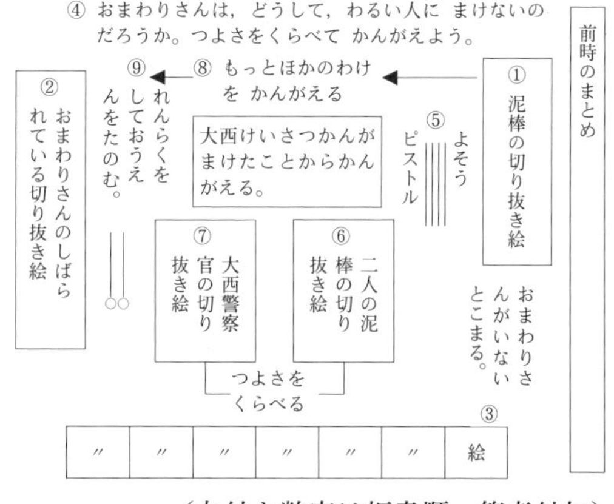

（丸付き数字は板書順―筆者付加）

この板書の特色には，「板書事項の配置順」「資料貼付」「板書への子どもの参加」の三点があげられる。

まず，丸付き数字を見ても分かるように，横や縦から順に板書していくのではなく，右左下上と，黒板のスペースを有効に使いながら，縦横無尽に板書がされていっている。例えば，一番最初に黒板に貼られる泥棒と縛られている警察官の絵が，黒板の右端と左端に貼られる。こうすることで，子どもたちは，その２枚を比較したり，あるいは，その２枚の間の黒板のスペースに何が入るのかを考えたりするなど，２枚の絵の構造を考えていくことができると考える。

そして，これを考えていく材料となるものが，効果的な場所に板書・貼付されている。この考える材料となるものが，「資料添付」であり，「板書への子どもの参加」につながる予想の発言や子どもが作成した絵である。こうした事柄が，縦横無尽に配置されていっても最終的には，それぞれの関連がはっきりと見えてくる構造的な板書になっている。

⑵　３年生単元「自分たちの市の特色」の板書

—習志野市立大久保小学校・上野実践—

本単元の目標は，「市町村の一部を観察，調査したり，絵地図などを活用して市町村の広がり，地形などを調べ，自分たちの市町村の特色について考えること」となっている。本時は，その最終時，最後にまとめる１時間である。そこでの板書がこれである。

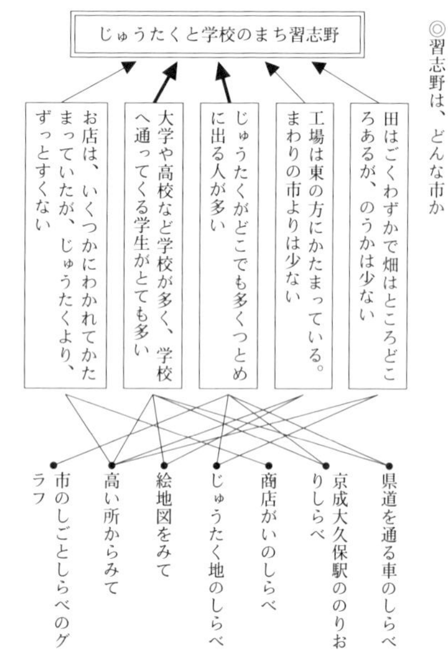

本時では，まず，これまでに学習したことを振り返り，習志野市がどんな特色をもっているかを予想させ，それを黒板中段に項目ごとに板書する。次にその予想の根拠となる数量観察の項目を下段に板書する。そして，子どもの発言を受けて，下段と中段を線で結んでいく。この線で結ばれた予想項目の中段と数量観察項目の下段を見つめながら，市の特色を考え，最後に，「じゅうたくと

学校のまち習志野」と板書し，この言葉を二重の違った色で枠付けし，授業を終えている。

この板書でも，配置順の工夫，板書への子どもの参加といった特色を挙げることができると考えられるが，一つの独自の特色として挙げられるのが「線」の工夫・効果だと考えられる。まず中段の予想と下段の根拠を結ぶものとして，線が使われている。子どもたちの発言を受けて，線で結んでいくことにより，最終的に，どの予想項目が最も多くの根拠によって成り立っているのかということが視覚的につかみやすくなっている。そのため，市の特色を考える本時の中心的な活動の場面でも，この結ばれた線を参考にして，考えていくことができるであろう。また，中段と上段を結ぶ際には，関わりの深さによって線の太さを区別している。より深いかかわりには太い線で結ぶことで，それを言葉で表すよりも，板書の時間短縮はもちろん，視覚的にも分かりやすいものになっている。子どもの発言を受けながら，ともに線を結んでいくことで，子どもの思考を助ける構造的な板書になっていると言える。

3　有田和正氏の板書論

さて，最後に社会科板書の先学としてあげたいのが有田和正氏の板書である。氏は「社会科の板書とは，子どもの思考を助け，それを促進するところにその使命と価値がある」と板書についての持論を著書（有田和正『学年別板書事項とノート指導』明治図書）で述べている。

有田氏は，

①　何を考えればよいか明示する

②　何が対立しているかわかるようにする

③　ことばで表すよりも板書した方がよいものをかく

という三点を思考を活性化させる板書のポイントとしてあげている。③の工夫例として，２年生単元「農家の仕事」の板書があげられる。ここでは，

「おいしいおにぎりを食べるには？」という問題に対し，種籾からおにぎりになるまでの流れが板書されている。そして，その板書の中には，白米やもみ，稲などの具体物が貼付されており，板書全体の大事な要素となっている。これらの具体物は言葉で説明するよりもより効果的になっているといえるだろう。板書を，思考するためのヒント，問題を提起する素材，共同思考の足跡，また，資料として捉え，これらを視覚材料とみなしている有田氏は，板書を，文字だけでなく，絵，略図，イラストなどを使って，できるだけ立体的に，視覚に訴えることができるようにすることを勧めている。実際，この板書には，7つものハテナ「？」が記されているが，これだけの疑問が子どもたちから生まれたのも，具体物を実際に見ることにより，子どもたちの思考が活性化されたからではないだろうか。もちろん，ただ具体物を黒板上に提示するだけでなく，他の具体物や言葉との関連を図り，配置の工夫もされている。ユニークな「ネタ」によって追究の鬼を育てた有田氏であるが，そこには板書の存在も大きな役割を果たしていたといえるのではないだろうか。

有田氏は授業の中で，子どもたちによる「論争」を重要な学習活動として位置づけている。この論争を盛り上げるための要素として，論争がわき起こるようなネタを用意することと，子どもたちの意見の中から「小さなちがい」を発見して，それをうきぼりにしていくことができるような板書の工夫が大切であると有田はいう。自らの授業を振り返り，授業の後半に盛り上がってくるのは，子どもたちが板書によって，意見のくいちがいに気づき，挑戦意欲がわいてくることがその原因だとも述べている。

第2章
学力がアップする社会科図解型板書の方法

第1節　図解で教える留意点

○，△，⇒の基本形が図解の要素である。しかし，これが，奥が深い。○だけでも□に変形したり，楕円になったりする。さらに○が大小，2つ重なったり，一部重なったりする。このように図解を用いる前に図の記号が持つ意味を理解させることが大事である。この点に関しては次の節で詳細に述べたいが，ここでは図解づくりに先立って考えておきたい留意点について述べてみたい。

1　図解づくりの手順

図解型板書を活用した社会科の授業を行うためには，教師がその授業の目的に合わせ，図解型板書案を作ることが当然必要になってくる。そのためには，まずは基本的な図解作りの流れを知る必要がある。「図解的思考」は社会科の授業作りにおいて大いに活用することができるということを主張している田山修三氏は，次のように図解作りの流れを述べている。

①　要素（キーワード・要点）を選び出す

②　要素を比較する

③　要素の共通・類似化（仲間分け）する

④　仲間分けしたものにタイトルを付ける

⑤　仲間分けしたものを関係付ける

⑥　全体構造を把握する

⑦　概念化した端的な表現をする

また，図解表現に関する著書を数多くもつ久恒啓一氏も，図解作りの流れとして同様な流れを述べている。このことから，図解作りの手順としては，大まかに言えば，「要素・キーワードを選ぶ」「仲間分け，関係付けを行う」「全体像を把握する」といった流れで進めていってよいと考える。

次に，図解づくりで大切になってくることは，その図解で考えさせたいことは何か，伝えたいことは何かという図解の全体像のイメージや，その図解を構成する要素はどのようなものなのかということについての考えを授業者がもつことである。この全体像や要素は，板書で使われる図解であるわけだから，社会科の授業と深く結び付けながら考えていく必要がある。つまり，その時間の社会科の授業は何をねらいとしているのかということが明確になっていなければ，図解の全体像も決まらないわけである。

2　応用，転移できる知識の獲得を目指す

まず，社会科の図解型板書の全体像でイメージするもの，つまり社会科の授業での目標を考えていきたい。

岩田一彦氏によれば，社会がわかる子どもは「豊かな情報と事象を見る概念装置をもっている」（岩田一彦『社会科授業研究の理論』明治図書）という。情報は，社会がわかるための基礎的材料であるが，情報を集めるだけで社会がわかるようになるわけではない。自然科学者が顕微鏡で細菌を見たり，建築家がさまざまな機械や道具を使って家を建てたりするように，社会事象を見るためには概念といわれたり，概念装置といわれたりする独特の道具が必要であるとしている。この概念装置を作り上げていくために，「社会を見る概念装置の基本となる部品は，社会事象の明示的な因果関係である」とし，社会事象間の関係の中でも，原因と結果の関係を重視している。その関係を表した知識を説明的知識と呼び，これが一般化されてより応用力のある概念

的知識になるとしている。この概念的知識をもとに他の事象を見ることができる子どものことを「概念装置をもっている子ども」と岩田氏はとらえている（下表を参照）。

他の事例に応用，転移できる知識の獲得を社会科授業の主目標としているのは，岩田氏だけに限らない。北俊夫氏は，学習指導要領が，事例を網羅的に全て取り上げるのではなく，選択的な扱いになっている理由として，他の事例を見たり考えたりすることができる「マスターキーとなる知識」（概念的知識）の獲得の重要性を述べている。北（以下，敬称略）もこの知識が「社会を見る目」であるとしている。

ア	記述的知識	When，Where，Who，What の問いに対応して習得される知識
		社会に存在する情報の内で，事象の存在について述べたもの。断片的知識，応用がきかない知識，無限大にある知識。全体のイメージを形成したり，情報間の関係を明らかにする際の材料となる知識
イ	分析的知識	How の問いに対応して習得される知識
	過程に関する分析的知識	時間的経過を分析的に記述した知識
	目的に関する分析的知識	社会事象を人々の行動の目的から記述した知識
	手段・方法に関する分析的知識	人々が一定の目的を実現するためにとっている手段・方法について具体的に述べた知識
	構造に関する分析的知識	社会事象間の種々つながりを記述して，総合的に表現したもの。一定の応用がきく知識
	相互関係に関する分析的知識	事象間の相互関係が述べられている知識
ウ	説明的知識	Why の問いに対応する知識
		社会事象間の関係を原因と結果の関係で示しているもの。社会事象の説明の中核をなすもの。経験的事実を集めて，その中に共通している因果関係を抽出していくのが一般的な方法
エ	概念的知識	Why の問いに対応する知識
		特定の具体的な説明的知識が蓄積されてくると，特定の具体的社会事象という限定を抜かしても通用する法則性が抽出されるようになる。この法則性を表す知識が概念的知識

注）岩田一彦氏の著書にある記述から作表した。

以上のことから，本書では，社会科の授業の主目標と絡めて図解型板書がねらいとするターゲットは「概念的知識の獲得」といえるかもしれない。

図解には先にも示したように，目に見えない関係を視覚化し，その関係を認識しやすくしたり，考えやすくしたりする利点がある。このことから社会事象の因果関係を解き明かし，概念的な知識の整理法の１つとして図解型板書が活用できるのではないかと考えるのである。

3　知識の構造

概念的知識を獲得していくためには，この知識を構成するさまざまなレベルの知識の構造を明らかにする必要がある。例えば，北は，次のような知識の例を示している（北俊夫著『あなたの社会科授業は基礎基本を育てているか』明治図書)。

A　農業の盛んな地域では，自然条件を生かしながら，生産を高めるためにさまざまな工夫や努力をしている。

B　庄内平野は，水田が多く，米づくりが盛んな地域である。

C　庄内平野の佐藤さんは，よい土を作りながらおいしい米づくりを進めている。

D　稲は，本来熱帯地方の植物で，通常年に一度だけ作られる。

そして，ＡからＢやＣ，さらにＤになるほど知識が具体的になっていることから，ＤからＡに近づくほど「上位」ということになり応用，転移できる概念的知識となる。つまり，知識にはレベル（階層性）があり，重層化しているのというのである。実際の授業では，具体的な知識からスタートして，概念的知識を獲得していくのであり，この獲得の過程が「学び」であるとしている。

北や岩田は，説明的知識や概念的知識のように応用のきく知識の取得を最重要としながらも，記述的知識や分析的知識のような具体的で断片的な知識を軽視しているわけではない。岩田は質の良い説明的知識，概念的知識を形成するためには，その知識へつながっていく材料となる記述的知識，分析的知識の豊かさ，具体性が欠かせないとしている。また，北は，概念的知識を形成していく段階の具体的な知識も評価の対象にしてはどうかと提案している。その理由は，具体的知識の中には，生活の豊かさを左右する「一般常識としての知識」「教養としての知識」も存在しているからである。そのために，「日常の生活や仕事をより豊かにするために必要となる知識とは何かをいま改めて整理し，社会科の授業の中で子どもたちにしっかりと身につけさせることに社会科のいま1つの役割がある」と主張する。

つまり，岩田や北の主張からは，

①　社会科で習得を目指す知識は応用のきく概念的知識である。

②　その概念的知識を構成する記述的，分析的知識のような具体的知識を整理し，生活の豊かさを左右するような知識であれば，その知識の習得も目指す

ということが分かる。

4　図解型板書を生かした社会科単元・授業構想法

図解を構成する要素やその構造を明らかにするためには，概念的知識から具体的知識を抽出する必要がある。そのためには，次のような思考の流れをたどることになるだろう。

まず，教科書，学習指導要領を分析し，単元で獲得させたい概念的知識を明らかにする。次に，その概念的知識を導くために必要な記述的知識，分析的知識を明らかにする。三番目に記述的知識，分析的知識を獲得するために必要な資料を選択する。そして，最後に記述的知識，分析的知識を獲得する授業，説明的知識（概念的知識）を獲得する授業間の関係，構造を明らかにして単元を構成する。

この流れの具体例を5年生社会科単元「さまざまな自然とくらし」で示してみたい（佐々木毅ら編「新しい社会5下」東京書籍，2004年，P28-P47）。

Ⅰ　本単元での到達目標（説明的知識・概念的知識）の設定から始める。

【本単元の概念的知識】
「人々は自然環境（気候条件，地理的な位置関係）に適応しながら生活をしている」
【説明的知識】
ア　自然環境の厳しさから生活や産業を守るために，様々な工夫や努力がされている
イ　自然環境を生活や産業に生かすために，様々な工夫や努力がされている

Ⅱ　説明的知識・概念的知識を導くための記述的知識・分析的知識を明らかにする。

【説明的知識アの基になる記述的知識，分析的知識】
①　台風に負けないコンクリート造りの家（沖縄）〈統計，写真資料〉
②　厳しい暑さに対応するための風通しの良い家（沖縄）〈統計，写真資料〉
③　台風による被害を少なくするために，５月に米の収穫を行う（沖縄）〈統計，写真資料〉
④　建物内の暖房設備の充実（北海道）〈文章資料〉
⑤　交差点，坂道はロードヒーティングによって凍らない（北海道）〈文章，写真資料〉
⑥　冬の期間は，機械整備や研修会の時間（北海道）〈文章資料〉
【説明的知識イの基になる記述的知識，分析的知識】
⑦　暖かい気候を利用して米の二期作を行う（沖縄）〈統計，文章資料〉
⑧　牧草が良く育つ温暖多雨の気候を利用して，肉牛の生産がさかん（沖縄）〈写真，統計資料〉
⑨　長く続く暑い夏を利用して，サトウキビ作りがさかん（沖縄）〈写真，統計資料〉
⑩　美しい海や豊かな自然環境を観光に生かす（新しい産業や観光，マングローブの海や野生動物，観光農園）（沖縄）〈文章，写真資料〉
⑪　中国や東南アジアとの歴史的なつながり（沖縄）〈文章，地図資料〉
⑫　厳しい寒さを生かした冬の行事（スケート大会，氷祭り，バルーンフェスタ）〈文章，写真資料〉

⑬　夏のすずしさや広い大地を生かした農業（じゃがいも，とうもろこし，小麦など）（北海道）〈文章，写真資料〉
⑭　特産物を生かしたお菓子作り，自然環境を生かしたアウトドアスポーツなど，新しい名産品，観光にも力を入れる。（北海道）〈文章，写真資料〉
⑮　かにやさけの漁業がさかん，韓国，ロシアの漁船との交流（北海道）〈文章，写真，地図資料〉
【説明的知識ア・イに共通する記述的知識，分析的知識】
⑯　沖縄の平均気温は 20℃以上（沖縄）〈統計資料〉
⑰　石垣市の農業は，畜産，工芸作物，野菜の順にさかん（沖縄）〈統計資料〉
⑱　沖縄の位置（那覇市北緯 26°東経 127°）〈地図資料〉
⑲　北海道（陸別町）の平均気温 4.6℃〈統計資料〉
⑳　北海道（陸別町）の位置（北緯 43°　東経 143°）〈地図資料〉

Ⅲ　記述的知識，分析的知識から説明的知識，概念的知識へと思考のプロセスをたどるように単元を構成する。

i　わたしたちの国土，国土の広がりと気候の様子（2 時間）
ii　沖縄の自然環境と人々のくらし（3 時間）（獲得される知識①②③⑦⑧⑨⑩⑪⑯⑰⑱）
iii　北海道の自然環境と人々のくらし（2 時間）（獲得される知識④⑤⑥⑫⑬⑭⑮⑲⑳）
iv　沖縄と北海道の人々のくらしの比較（1 時間）（説明的（概念的）知識の獲得）
v　美しい日本のわたし（1 時間）

第2節　図解のルールを身に付けよう

図解型板書を有効に活用するためには，教師と子どもとの間に図解に対する共通理解が必要になってくる。なぜなら，教師と子どもの間には，図解の概念に対するずれが存在しているからである。

この図解に対するずれは，担任した5年生に，右のようなアンケート調査を行った結果，明らかになった。

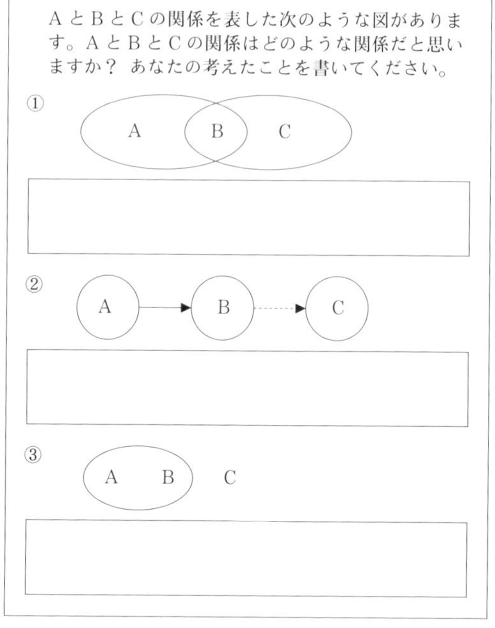

質問①について，教師の概念は，「ＢはＡとＣの共有」である。それに対し，子どもたちの中で最も多かった意見は，「ＡとＢとＣは大親友，仲がよいである。これは，Ａ，Ｂ，Ｃをひとつのまとまりとして捉えている傾向があるといえる。また，この意見とほぼ同数に近い意見で，「ＡとＢは仲が良く，ＢとＣも仲が良い。しかし，ＡとＣは仲が悪い」というものがあった。これは，ＡとＢはひとつのまとまりとして，ＢとＣもひとつのまとまりとして捉えているが，ＡとＣに対しては，敵同士，反対的な関係で捉えている。ＡとＣでＢを取り合っているようなイメージをもっているようだ。この両者の意見を合わせると全体の73％にもなる。図解に対する教師と子どもの概念に大きなずれがあることがはっきりと分かる。また，子ども同士の中でも，同じ図解に対して，全く違う捉え方をすることが明らかになった。

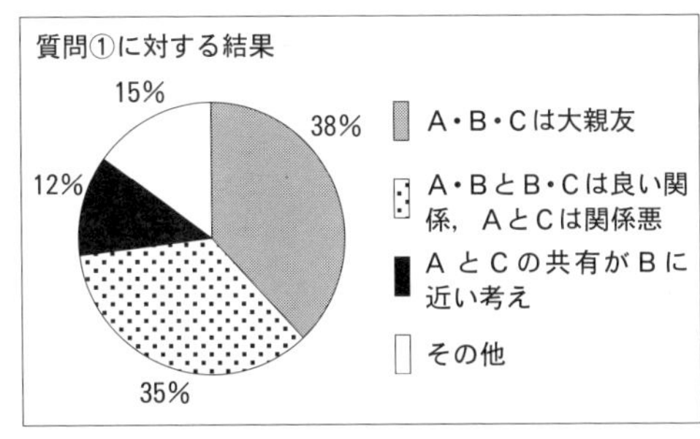

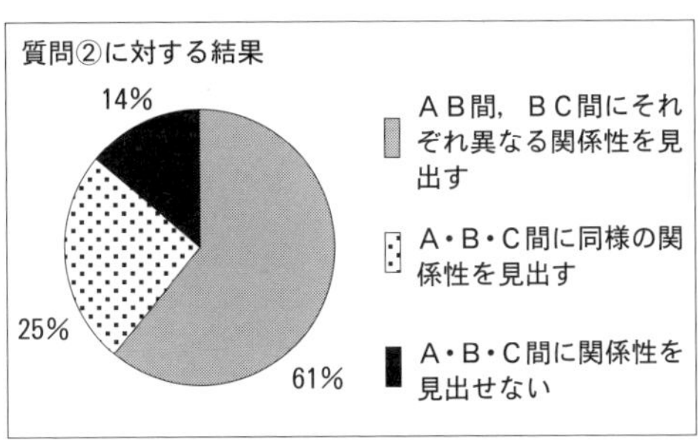

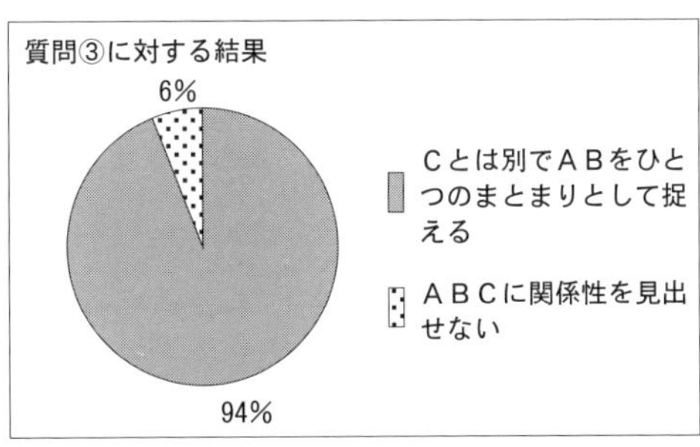

一方，教師がこの図解に抱いている共有という概念に近い意見としては，「Aが人間，Cが動物，Bが猿」「Aが父，Cが母，Bが子ども」というものがあった。これらは全体の12%にとどまった。

質問②については，変化や時間の経過，因果関係，移動などの関係を表す矢印の捉え方や，実線や点線による捉え方の違いを調べた。「AとBは姉妹でBとCは友達」「AとBをあわせた色がC」というように，AB間，BC間に何らかの関係性を見出し，さらに実線と点線の違いからそれぞれの関係性に違いを表していた意見は全体の61%であった。比較的，矢印や実線，点線による違いについては，教師と子ども間のずれは少ないように考えられる。

しかし，「AがBにBがCに変身した」「AはBが好き。BはCが好き」といった意見のように，矢印に何らかの関係性を表す概念を抱いているものの，実線と点線に対する違いはあまり考えていない子どもが全体の25%，また，全く矢印から何の関係性も見出せない子どもも14%を占めている。

質問③は，丸や枠に対する概念の捉え方を調べた。これについては，「AとBは女の子，Cは男の子」「Cは仲間はずれ」というように，丸で囲まれたものをひとつのまとまりとして捉える子どもが全体の94%を占めた。丸

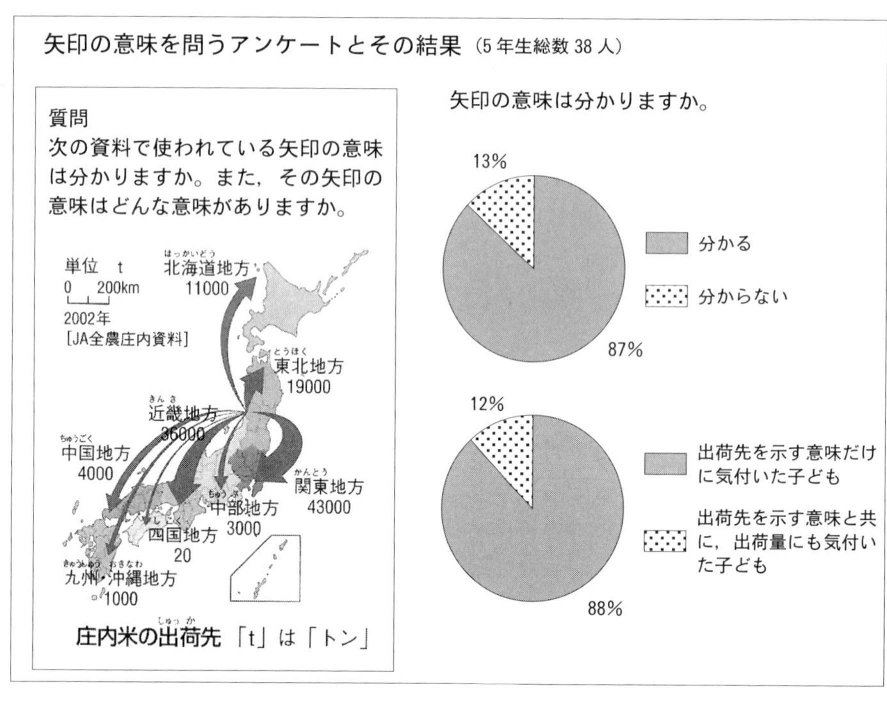

や枠に対する概念の捉え方はほぼ教師と同様であることが分かった。

このような図解概念に対するずれは，教科書で使用されている図からも明らかになった。上の図は，東京書籍出版の5年生用の教科書で使用されているものである。図からは，矢印によって庄内米がどの地域に出荷されているか，地域ごとによって出荷されている量がどのように違うのかという2点が読みとれる。

しかし，結果を表す円グラフからも分かるように，出荷先については多くの子どもが読みとることができたが，出荷量まで気づいた子どもはわずかであった。

つまり，矢印がもつ「方向を示す」という意味は，子どもたちも理解しているが，矢印の太さが「量の大小」を表していることについては，子どもたちはよくわかっていないのである。

このようなことから，図解の概念に対するずれが，教師と子どもの間にはいくらかあるといえるのである。特に，図解の基本的な作業は，「囲む」「つなぐ」「配置する」であると言われているが，「囲む」以外の「つなぐ」「配置する」において，そのずれははっきりしているといえるだろう。

こうしたずれを放置したまま図解型板書を活用しても，成果はあまり見込めない。このことは，図解表現に関する数多くの著書を持つ永山嘉昭氏の指摘からもわかる。永山氏は，図解を用いた情報伝達の仕組みについて，次のように述べている。

「送り手は，頭の中にある伝えたい事柄を図解の形に圧縮して置き換える。その図解は，紙や電子の伝達メディアによって受け手に伝えられる。受け手は圧縮された図解を解凍すなわち解釈し，その結果受け手の頭の中に送り手が意図した情報イメージがわき上がれば，図解による情報伝達が成功したことになる」（永山嘉昭『説得できる図解表現200の鉄則』日経BP社）

つまり，送り手から発信されて図形化された事柄は，相手に正しく受け取られてはじめて情報としての価値を持つことになるのであり，教師と子どもの間に図解概念のずれがあれば，図解型板書を有効に活用することができないことになる。

そこで，正しく情報を伝達するためには，送り手の「圧縮」と受け手の「解凍」が，図解に対する共通のルールに従って行われる必要が出てくる。黒板という教師と子どもたちの共同作業の場で図解を使う場合は，教師と子どもたちとの間に図解に対する共通したルールが必要になってくるのである。

1 「囲む」についての基本ルール

「囲む」ものについては，マルや三角など様々な形がある。これらの形は，それぞれの形によって異なった印象を与えている。この点については，永山

単純明解で，求心力
が感じられ，優しい
イメージがある。

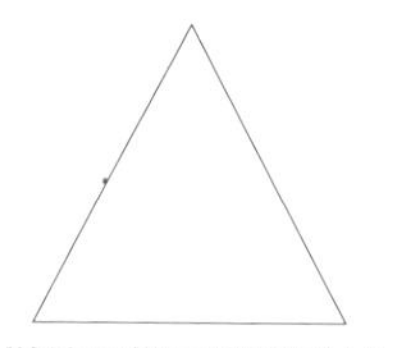
単純明解で安定感が
あり，力強いイメー
ジを与える。

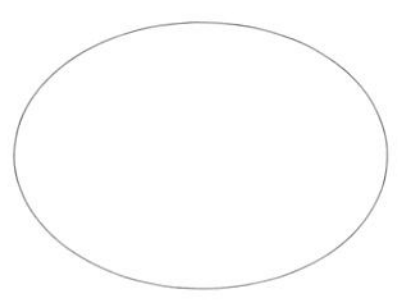
円よりも親しみが感
じられ安定感もある。
動きも感じられる。

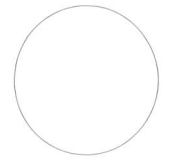

（永山嘉昭『説得できる図解表現 200 の鉄則』日経 BP 社，2002 年）

氏の著書（『説得できる図解表現 200 の鉄則』日経 BP 社）で詳しく述べられているので，そちらを参照していただきたいが，ここではその一部を紹介する。

マル，三角，楕円を一例として取り上げてみたが，確かに図形によって印象は大きく異なる。このように図形の違い，つまり「囲み方」の違いを考慮することで，印象が変わり，より的確な表現ができるのではないだろうか。また，不適切な図の使い方をすると，違和感を与えたり混乱させたりする可能性もあるので，注意が必要であろう。

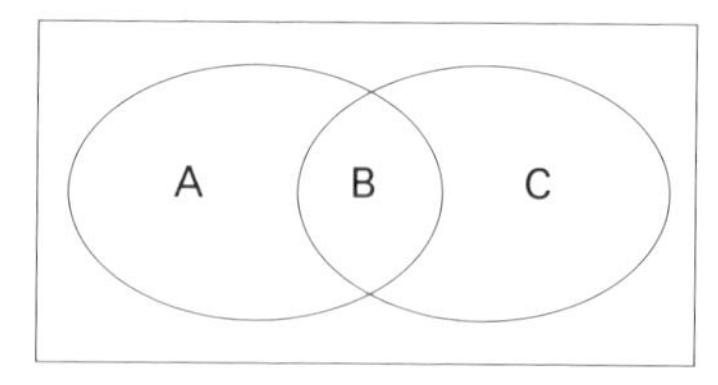
A
B
C

例えば，先述したアンケート調査の中で，右のような図解を示し，A，B，C それぞれの関係性を問うた。その解答の中で，「A と C が B を取り合っている」と答えた子どもたちがいた。これは，楕円のイメージである「動きが感じられる」という印象を受け取って，A，B，C の関係を捉えたのかもしれない。「A と C の共有が B」という意図で使用したのだが，図形が与える印象を考慮に入れていない図の不適切な使い方の例となっているといえるであろう。

「囲む」については，先の教師と子ども間の中に大きなずれはなかったが，図形がもつ印象を教師が把握し，それを利用することが基本ルールといえる。

2 「つなぐ」についての基本ルール

「囲む」図形と組み合わされて「つなぐ」役割を果たす矢印には，要素と要素をつないで変化や時間の経過，因果関係，相互関係，対立などを表すといった意味がある。さまざまな社会的関係性を学ぶ社会科においては，重要な役割を果たす基本図形だといえる。矢印は，いろいろな関係性を簡潔に分かりやすく表現でき，大変便利である。

しかし，簡単で分かりやすく表現できる反面，矢印には，さまざまな印象や意味が込められやすい。例えば，「A→B」からは，「AからBが発想できる」「AがBに変わる」「Aの次にBを行う」「AがBに関与する」など，この矢印からさまざまな意味が考えられる。

実際，子どもたちに行ったアンケート調査でも，矢印から要素間の何らかの関係性を感じ取ってはいるが，「AはBが好き」「AはBに変身する」など矢印の意味のとらえ方はさまざまであった。そのため，矢印を用いても，使用した本人（図解の表現者，送り手）にはどういう意味か分かっていても，受け手，読み手にとっては意味が分からない，誤解して受け止めるといったことが起きる可能性も十分にあるといえる。

また，この矢印に太さや実線・点線などの違いを組み合わせると，要素間の関係性を微妙に変化させながら表現することができるようになり，大変便利ではあるが，図解の表現者と受け手との間で，誤解が生じる可能性は益々大きくなる恐れがある。

実際，先に示した教科書の図の例からもわかるように，矢印の太さから量の大小を読み取った子どもは少数であった。

以上のことから，「つなぐ」矢印を利用する場合，その関係を表す意味を言葉で添えながら板書するとよいのではないかと考える。また，初めて矢印の太さや長さなどで量の大小を表すときには，そうした意味が込められていることを教えておく必要もあるだろう。

3 「配置する」についての基本ルール

「配置する」図形の距離感や連携の度合いによって，その意味も大きく変わってくる。子どもたちの様子を見ていると，この「配置する」に対する捉え方に，最も大きなずれがあるように思われる。そのため，主に社会科の板書で使われそうな配置の仕方とその意味については，次のようなルールを定めて，教師と子ども間で共通理解できるようにしておくとよいのではないだろうか。

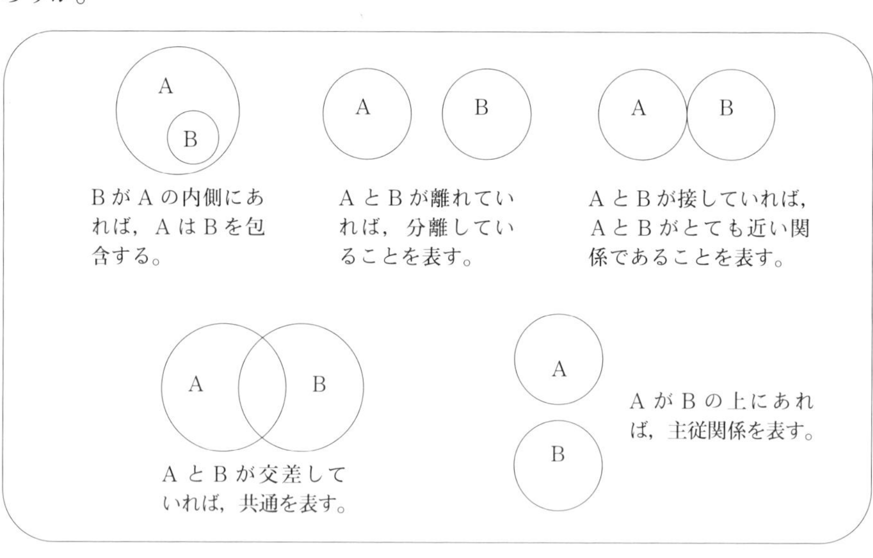

第3章

図解型板書による社会科授業

第1節　5年単元「日本の工業の特色を紹介しよう」

1　単元設定の意義

本単元は，わが国の産業の様子，特に自動車産業と国民生活との関連について理解し，わが国の産業の発展に関心をもつことができるようにすることを主なねらいとしている。また，本単元は，自動車産業を軸にして，原材料を輸入し製品を輸出する日本の貿易の特色を調べたり，それぞれの国が豊かになるような貿易のあり方について考えたりする学習場面である。ここでの学習は，第6学年の目標の一つである『わが国と関係の深い国の生活や国際社会におけるわが国の役割を理解できるようにし，平和を願う日本人として世界の国の人々と共に生きていくことが大切であることを自覚できるようにする』に含まれることから，第5学年で学習しておくことでより深く理解することができると思われる大切な学習であるといえる。したがって，本教材は，我が国の産業に従事している人々の様々な工夫や努力によって発展できていることや，国際関係について考える態度を養う上にも本教材は重要な意義があると考えられる。

図解型板書については，産業に従事している人々の工夫・努力と消費者のニーズや環境問題との関係や，貿易を軸とした国と国との関係を考える上で有効な手段になると考える。また，本単元では，数多くの統計資料や図などの資料を活用することになる。単に資料を読みとるだけでなく，複数の項目をひとつの資料から読み取ったり，複数の資料を比較・関係付けたりして，調べ考える場面も多い。こうした比較・関係付けの場面においても図解型板書が活かされると推察される。

2　単元の目標

○　工業が盛んな地域の生産活動の様子を調べ，我が国の工業の発展に関心をもつことができる。

○　国民生活を支える上での工業生産の大切さと，工業製品のもつ意味を考えることができる。

○　工業が盛んな地域の生産活動に関する地図や統計などを活用し，工業生産を高める人々の工夫や努力を絵や図，表，文章などで表現することができる。

○　我が国の工業生産の特色と新しい技術の開発や資源の有効利用及び，確保，環境保全などの取り組みを理解している。

3　学習計画

（★印＝図解型板書を取り入れた授業）

時	学　習　活　動
1	○　本単元の学習問題「日本の工業の特色を紹介しよう」をつかむ。
2	○　工業の盛んな地域を調べ，工業地域の特徴について考える。
3	★　身の周りにある工業製品を調べ，私たちのくらしが工業製品に支えられていることに気づく。また，工業製品を分類し，日本で最も盛んな工業の種類を調べる。
4	○　代表的な自動車産業について調べる計画をたてる。
5 6	○　自動車産業に従事する人々の工夫や努力について調べる。
7	★　組み立て工場と関連工場とのつながりについて調べ，注文通り効率よく自動車を造ることができる秘密について考える。

8	★	大工場と中小工場の特色について調べる。
9 10	○	自動車をつくる人々がどのようなことに配慮し自動車を造ろうとしているか調べ，調べたことをもとにして「私の夢の自動車」を提案する。
11	★	完成した自動車の輸送手段について調べる。
12	○	日本の貿易について調べる。
13	○	これまでの学習をノートへの記述から振り返り，日本の工業の特色を紹介する手紙作りを行う。

4　第３時の様子

⑴　図解型板書の意図

様々な種類の工業があることを資料の読み取りから気づかせたい。また，この後，日本の工業生産の代表的なものとして自動車産業を取り上げるので，日本の工業生産において，機械工業が占める大きさを視覚的にも伝えることができる図解型板書を取り入れた。

⑵　授業の様子

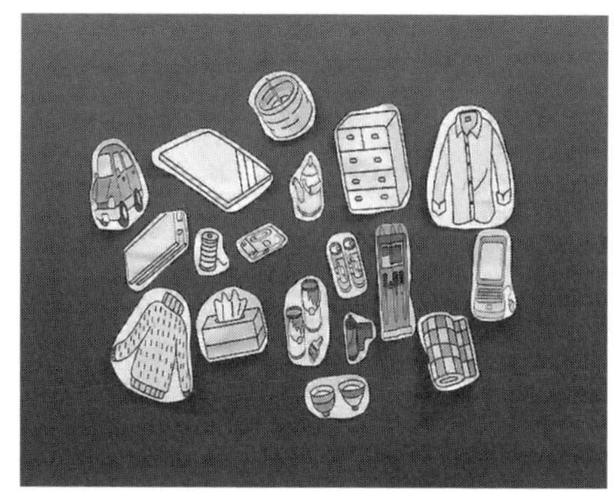

①　身の回りにある工業製品について子どもたちが発表した。

子どもたちの発表によって出てきた工業製品や教師が補足した工業製品のイラストを，発表に合わせて，黒板に貼付した。

②　黒板に貼付された工業製品を指さし，「これらの工業製品を仲間ごとに分けてみるとどうなるかな？」と話し，子どもたちに，黒板上で自分の予想をもとにして工業製品の仲間分けを行うようにした。「パンとカップラーメンは食べ物だから仲間かな？」「たぶんそうだよ」「自動車とガソリンも仲間かな？」「自動車は鉄でできてるから鉄の物で仲間にできるんじゃな

い？」など，黒板の前に出てきた子どもと，座席から黒板を見つめる子どもたちとの間で確認しながら仲間分けを進めていった。その様子は非常に楽しそうである。

ひと通り予想を終えた後，教科書の資料をもとにして，どのように仲間分けができるのか確認をし，それぞれの種類の名前を板書した。

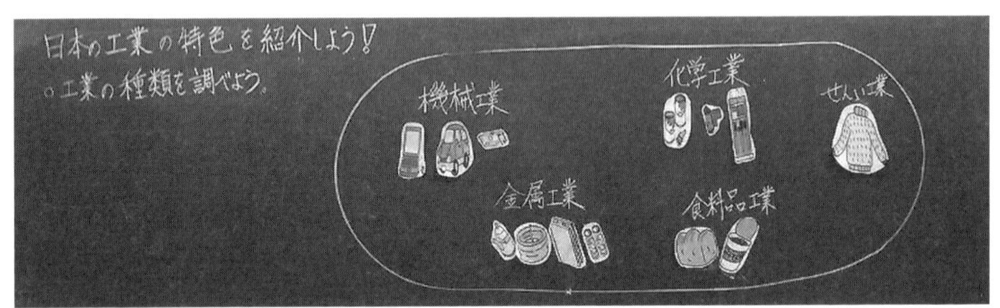

その後，「これらは全部工業製品だね」と確認しながら大きな丸で囲み，「この中で最も生産額が高い工業は何だろう？」と発問すると，一番身近なためか繊維工業を１番だと予想する子どもが半数以上いた。そこで，統計資料をもとにして調べるように促した。

③　統計資料をもとにして，それぞれの工業が占める生産高の割合を，広さで表しながら黒板に線で囲んでいった。

その際「これくらいかな？」と子どもたちに確認を求めながら板書を進めた。

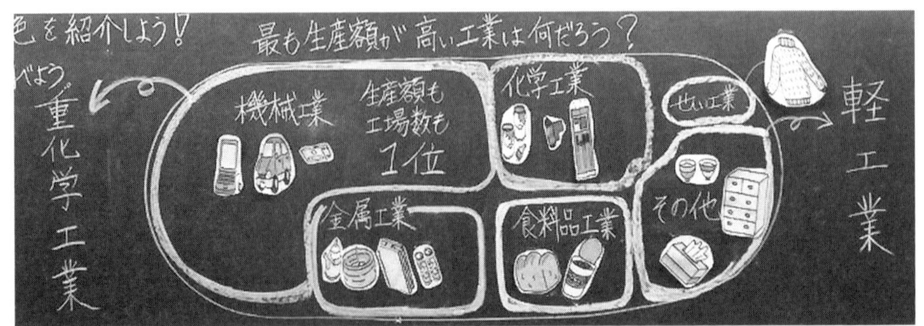

また，授業の最後に，重化学工業と軽工業についてもふれておきたかっ

たので，それぞれ別の色で囲むようにした。線で囲むと，機械工業が大きく占めていることから，日本で最も盛んな工業は機械工業だということに気づくとともに，繊維工業の占める割合の少なさに驚き，「みんな服を着ているのに何で？」と疑問に感じたことをつぶやいていた。

(3)　本時を振り返って

授業後のアンケート結果から，約90%の子どもが本時の板書を分かりやすかったと答えていることが分かる。その要因の１つとして，「48%」「19%」といった資料に表されている数字を黒板上で「広さ」に置き換えたことがあげられると考える。また，字の少なさも要因の１つとしてあげられるであろう。

子どもの感想の中に「字が少ない図の黒板だと見ているのが楽しい」「字がいっぱいの黒板だと見る気がしないけど，図の黒板だと見る気が出てくる」というものがあった。

今回の板書は，字は少なく，そして工業製品のイラストを多く使っていたので，子どもたちも熱心に黒板を見つめていた。また，字が多い文章的な板書だと文字を順に目で追うことになるが，字が少ない図解型板書だと，図全体を見つめその構造を捉えることができるので，今回の図解型板書は，多くの子どもたちにとって分かりやすいものになったのだと考える。

さらに，今回の感想の中には，「楽しかった」と書いてあるものが多くあった。これは，黒板で工業製品のイラストを使って仲間分けをしたり，生産高の多さを枠の面積で表す板書の活動に子どもたちが参加したりしたことがその要因になっていると考える。そして，実際に子どもたちが生産高の多さを黒板を使って広さに表すことで，機械工業の生産高の多さや繊維工業の生産高の少なさに疑問をもつことにもつながったともいえる。

やはり，教師主導型の板書ではなく，子どもが参加できる板書の効果は大きいということが分かった。

授業後のアンケート結果（5年生総数38人）

今日の板書は分かりやすかったですか。

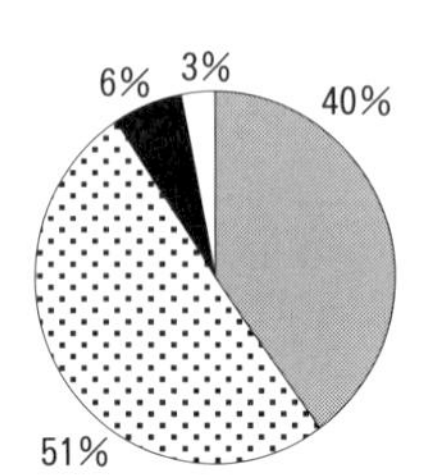

子どもたちの主な感想
- 工業の種類や機械工業が一番生産高が多いことがよく分かった。（男）
- 繊維工業の少なさにびっくりしたし，とても不思議に思った。（女）
- 字が少なくて図が多かったから黒板を見る気になった。（女）
- 黒板で種類別に分けるのがとても楽しかった。（女）

- 工業製品の絵が何の絵か分からなかった。（もっと大きくしてほしい）（男）

とても分かりやすい
分かりやすい
少し分かりにくい
とても分かりにくい

5　第7時の様子

(1)　本時の図解型板書の意図

自動車工場見学を終えた子どもたちは，工場にあったひとつ一つの形や色が違うエンジンやハンドルなどの部品に関心をもち始めた。そこで，本時では，自動車工場と関連工場との関係を資料をもとにして調べ，黒板に図で表すことにした。そして，その図をもとにして，注文通り早く自動車を生産できる秘密を自動車工場と関連工場とのつながりから考えることをねらいとし，授業を行った。

(2)　授業の様子

①　豊田市の自動車工場と関連工場の配置を示す資料を添付し，読み取りを行った。「自動車工場は3つ」「関連工場がたくさんある」「コイル材は遠くから運ばれている」「高速道路の近くに工場が多い」といった事実

自動車工場と部品工場との関係を解き明かそう

自動車工場と関連工場の配置を示す地図

- 自動車工場の周りに関連工場が多い
- 遠い地域からも部品が運ばれている

が資料から出された。

② 次に黒板中央に絵をかき，自動車工場と関連工場のイラストを貼付した。そして，教科書の資料から，関連工場から自動車工場は納品・輸送というつながりがあること，自動車工場から関連工場には注文・指示書というつながりがあることを読み取り板書した。

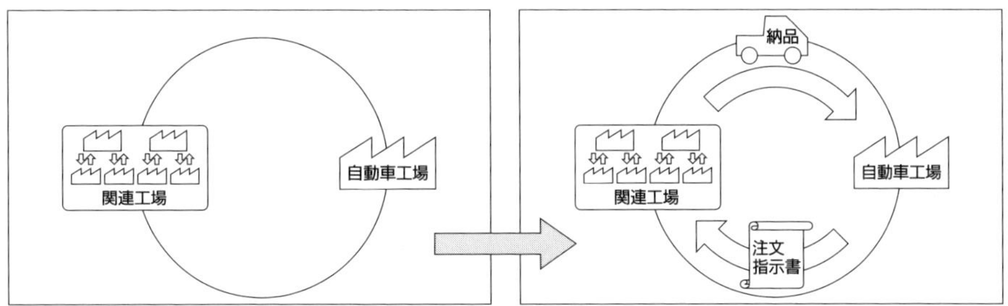

③ 「この図から，注文通りに早く自動車をつくる秘密を考えてみよう」と発問すると，「高速道路を利用しているのではないか」「交通事故が起きたら大変だ」「電話で注文すると早くできるけど，聞き間違いがありそうだからFAXを利用しているんじゃないか」「今はメールで注文していると思う」という子どもたちの意見が出され，それぞれを板書した。

そして，このような意見を参考にして，自分なりに考えをまとめるよう促した。

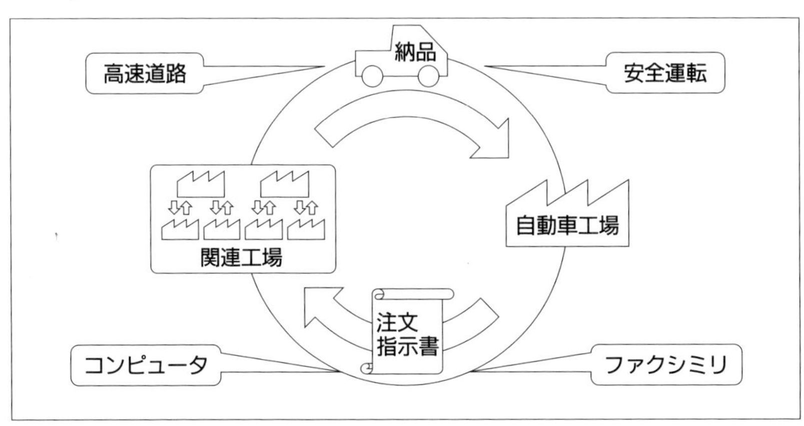

④「コンピュータを利用して，すばやく間違いなく注文している。遠くの工場からは安全運転に気を付けて高速道路などを利用し部品を運んでいる。だから，自動車工場は高速道路の近くにあるんだと思う。関連工場が近くにあるのは，事故を起こさずすぐに部品を運ぶためだと思う」といった考えを子どもたちは導き出していた。

このような子どもたちの考えを認め，「情報や交通などでの確実なつながり」と板書し授業を終えた。

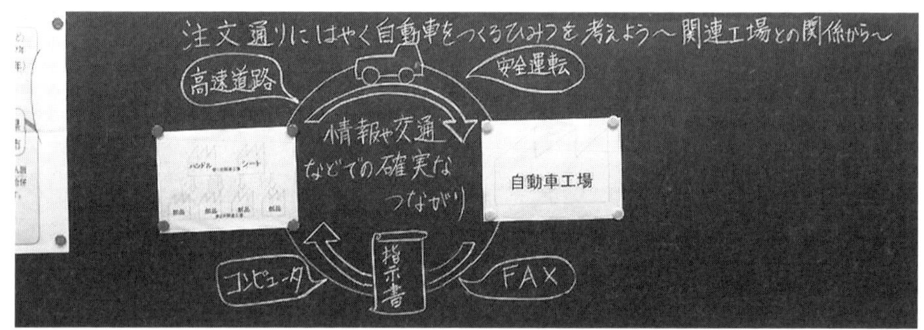

⑶ 本時を振り返って

下の資料は，本時の中での，「注文通り早く自動車をつくることができる秘密を関連工場との関係から考えてみよう」（前項の③の場面）という問題についての子どもたちの正答率である。

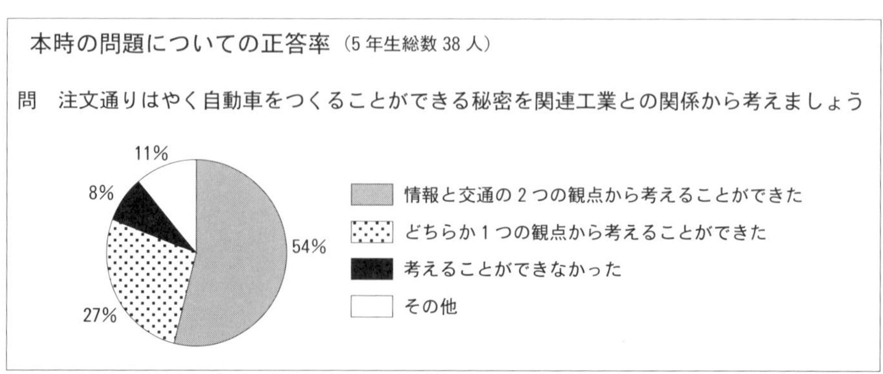

その他の11%というのは，情報や交通についての考えは書かれていなかったが，「関連工場と組み立て工場との協力関係や信頼関係が大切」という組み立て工場と関連工場とのつながりの大切さには気づいて考えを書いていた子どもの割合である。全くの誤答が8%であるが，全体の92%は文章で自分の考えを書くことができていた。国語の授業を見ていると，自分の考えを文章で記述することが苦手な子どもが多くいるが，92%の子どもが考えを文章で記述できたのは，図解型板書の効果ではないかと考える。

また，子どもたちのノートを見てみると，関連工場と組み立て工場との注文と輸送のつながりが1回だけのものではなく，何度も繰り返し行われていることに気づき，そのことの大切さをノートに書き込んでいることが分かる。これは，マル形を意識した図解型板書であったために気づくことができたのではないかと考える。

「図解のルールを身につけよう」でも述べたがマルや四角といった図形がもっているイメージというのも考慮して図解型板書を構成していくことが大切であることが分かった。

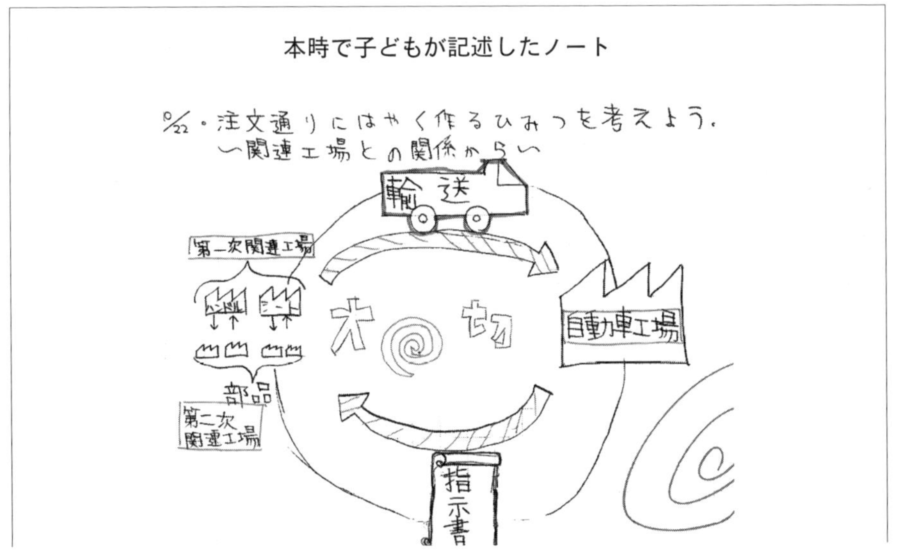

本時で子どもが記述したノート

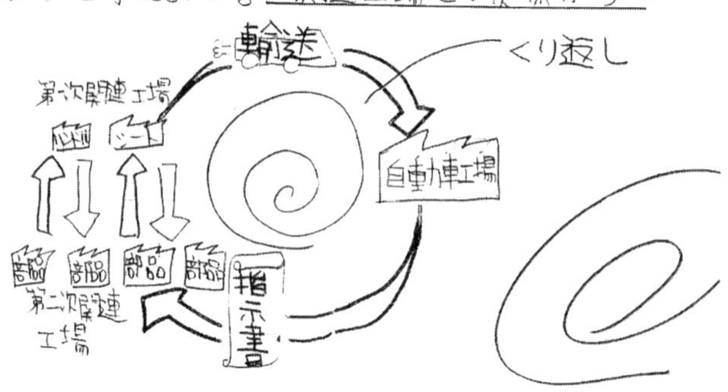

子どもたちのノートを見てみると，ほぼ板書されているものと同じような図解でまとめていることが分かる。

しかし，板書の図解から気づいたこと，例えば，自動車工場と関連工場との輸送と情報のつながりが，一回限りのものではなく，繰り返しされていることを示すような記号が追加されていたり，「大切」「くり返し」といった言葉を付け加えていたりするなど，自分なりにノートを工夫して作っていることも分かる。

6　第8時の授業の様子

⑴　図解型板書の意図

自動車工場と関連工場との学習から，工場の形態に様々な種類があることに気づきはじめた。そこで，日本の工業の特色として，大工場や中小工場の特徴や役割を調べるよい機会だと考え，本時を設定した。大工場や中小工場について，資料から読み取ったことをもとにして，より強く疑問を抱くことができるような図解型板書を構成することで，深い解釈が促されることを期待し，授業を行った。

⑵　授業の様子

①　大・中・小工場の数や生産高，働く人の数を表す資料を貼付し，工場数と生産高を中心に読み取りを行った。その後，黒板中央に円をかき，この

組立て工場と関連工場～大工場と中小工場の違い何だろう？
大工場と中小工場の特色を考えよう

大・中・小工場の生産高，工場数を表す統計資料

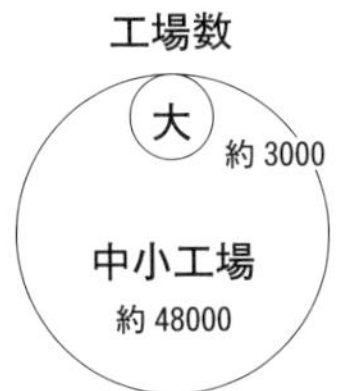

円全体が日本の工場数であることを伝え，工場数49万838と板書した。そして，この円の中で，大工場の数はどれくらい占めることになるのか子どもたちに問い，黒板にかくよう指示をした。

代表の子どもが大工場の円をかいたが大きくかいていたので，みんなと相談しながらかくように伝えた。周りの子どもから，「全部の工場数が49万で大工場は3000だから，その大きな円の100分の1よりも小さな円になるんじゃない」というアドバイスを受け，小さな円をかき，その中に大と板書した。

② 同様に，生産高全体を表す円をかき，大工場の生産高はどれくらいになるか聞いた。

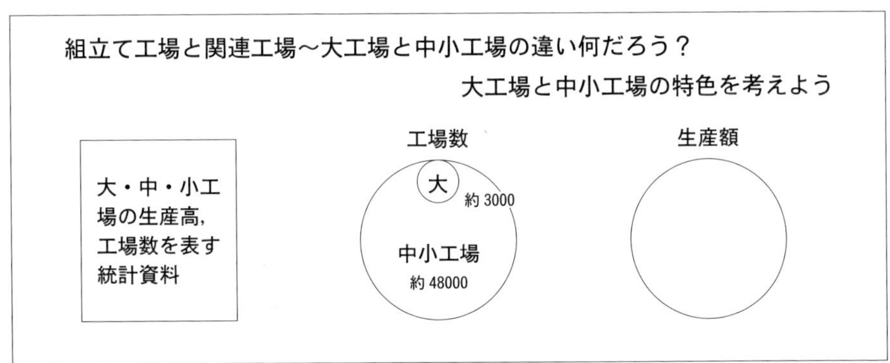

③　子どもたちに黒板に書くよう指示すると，「大工場は半分くらいだから」と円の真ん中あたりに線を引いた。学級の他の子どもたちも納得している。資料から読み取ったことを改めてこのように板書すると，「あれ？」という疑問の声があがった。

「あんなに数が少ない大工場なのにどうして？」「値段が高いものをつくっているのかな」など次々に疑問点や自分なりに解釈し予想したことを発表し始めた。

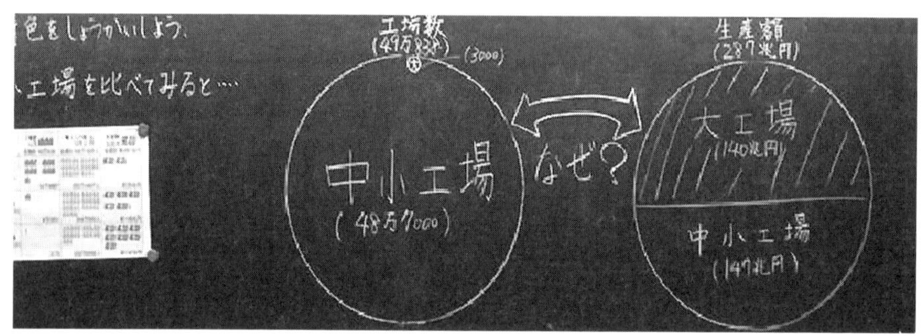

⑶　本時を振り返って

次頁上の資料は本時の途中（授業場面③）に子どもたちに行ったアンケートの内容とその結果を示したものである。

統計資料から読み取ったことを文章と図で示したとき，図の方が疑問を感じやすいと全員の子どもが答えている。

その理由についてほぼ全員の子どもたちが「パッと見るとなんだか不思議な感じがして，じっくり見てみたくなる。そうするとやっぱり変だなという気持ちになる」「工場数だと小さい大工場が，生産高だと半分くらいになって不思議に思う」と記述していた。

このことから，子どもたちが，工場数と生産高の違いについて，視覚的な点から疑問を感じていることが分かる。

文章と図解を比べるアンケートとその結果

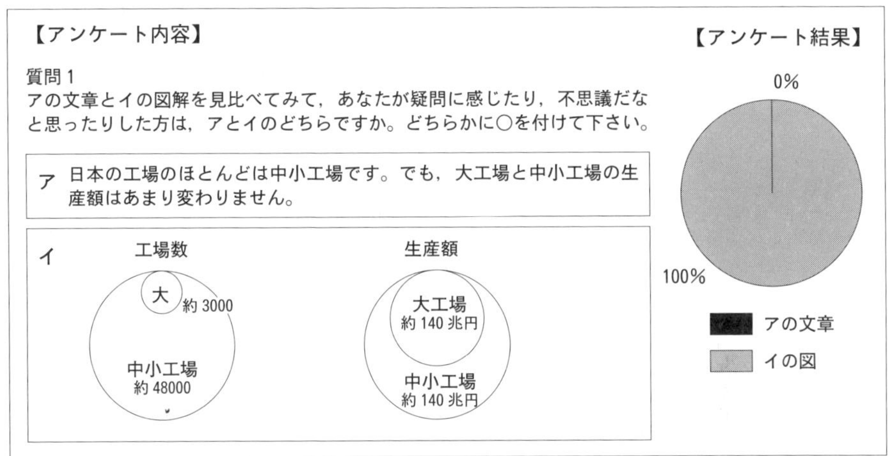

【アンケート内容】
質問１
アの文章とイの図解を見比べてみて，あなたが疑問に感じたり，不思議だなと思ったりした方は，アとイのどちらですか。どちらかに○を付けて下さい。
ア　日本の工場のほとんどは中小工場です。でも，大工場と中小工場の生産額はあまり変わりません。
イ
工場数
大
約 3000
中小工場
約 48000
生産額
大工場
約 140 兆円
中小工場
約 140 兆円
【アンケート結果】
0%
100%
アの文章
イの図

また，次の資料から，子どもたちの約60％は，この図から複数の疑問を抱いていることが分かる。

図から感じた疑問の数

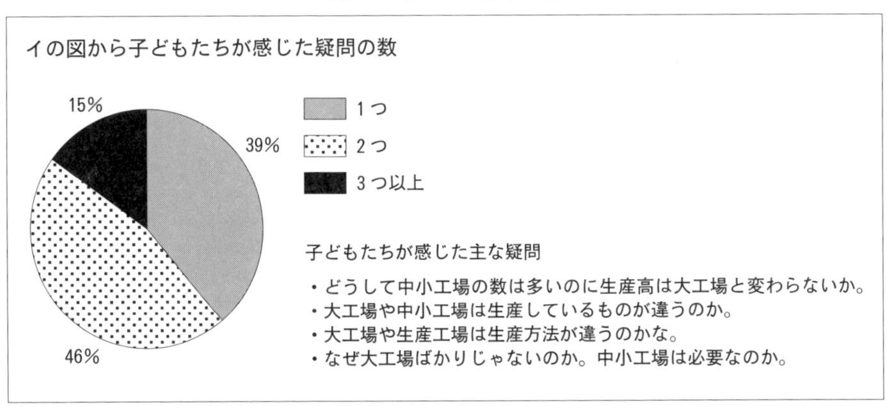

イの図から子どもたちが感じた疑問の数
15%
39%
46%
1つ
2つ
3つ以上
子どもたちが感じた主な疑問
・どうして中小工場の数は多いのに生産高は大工場と変わらないか。
・大工場や中小工場は生産しているものが違うのか。
・大工場や生産工場は生産方法が違うのかな。
・なぜ大工場ばかりじゃないのか。中小工場は必要なのか。

図で示した工場数や生産高に関する疑問だけでなく，生産方法や生産物の違い，また，中小工場の必要性への疑問などを子どもたちは感じていた。このことから，初めは視覚的な点から疑問を感じている子どもも，その後，じっくりと図を見つめ，統計資料から読み取った事柄を解釈しながら，様々な疑

問点を見付けていっているといえるのではないだろうか。

統計資料から読み取ったことを，文章で表現したり，箇条書きにしたりするのではなく，図解で示し板書することは，子どもたちがその資料が示す事実により強く疑問を感じ，深く資料を読み取り解釈する上で有効であるといえるだろう。

7　第11時の授業の様子

⑴　図解型板書の意図

完成した自動車がどのように運ばれていくのかという問題から，トラックや輸送船の特徴について考えていく。さらに，飛行機も取り上げ，その特徴をみんなで考えていく。それらの特徴を表の形で図解にまとめた板書から，トラック，船，飛行機の長所を生かして，様々な工業製品などが輸送されていることを読み取っていくことを本時のねらいとした。

⑵　本時の流れ

①　まず，トラックと船の長所と短所を書き込める表を板書し，それぞれの枠内にどんなことが書き込めるか子どもたちに聞いた。

「高速道路を利用できる」「海を渡ることができる」など，これまでの経験を想起したり写真資料を参考にしたりして自分の考えを黒板に書き込んでいった。

② 「一度に多くの物を運ぶことができる」と船の長所を子どもが発表すると，それに関連して「トラックは一度にたくさんは運べない」とトラックの短所を別の子どもが発表した。船の短所がなかなか考えつかなかったが，しばらくして「港がないと使えない」という意見が出された。

	トラック	船
長所	高速道路	たくさんの荷物を運ぶことができる
短所	少ししか運べない	

⇨

	トラック	船
長所	高速道路 ？	たくさんの荷物を運ぶことができる
短所	少ししか運べない	港（特別な場所）が必要

これに対し，トラックはどうだろうかと矢印を結ぶと，「特に特別な場所は必要ない」というトラックの長所を子どもたちはすぐに考え出した。

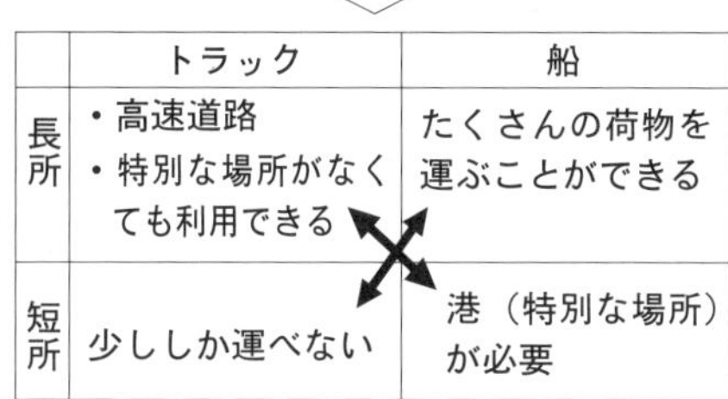

	トラック	船
長所	・高速道路 ・特別な場所がなくても利用できる	たくさんの荷物を運ぶことができる
短所	少ししか運べない	港（特別な場所）が必要

③ 次に，飛行機の写真を貼付した。飛行機は人だけ運ぶんじゃないのかという子どもの発言があったので，教科書の資料から，飛行機で輸送される物品を確認し板書した。そして，飛行機の長所や短所についても考えるようにした。

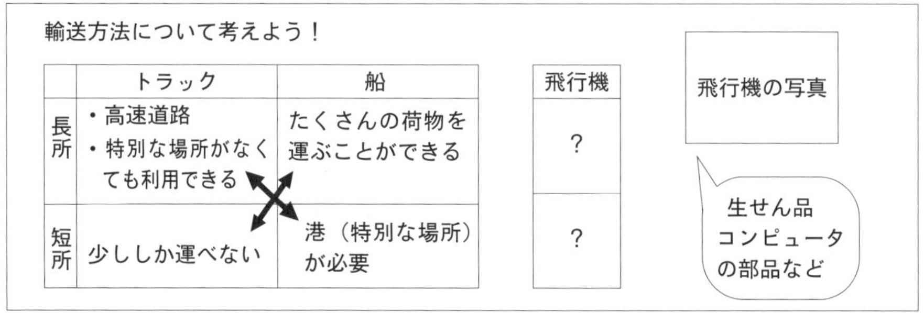

輸送方法について考えよう！

	トラック	船
長所	・高速道路 ・特別な場所がなくても利用できる	たくさんの荷物を運ぶことができる
短所	少ししか運べない	港（特別な場所）が必要

飛行機
？
？

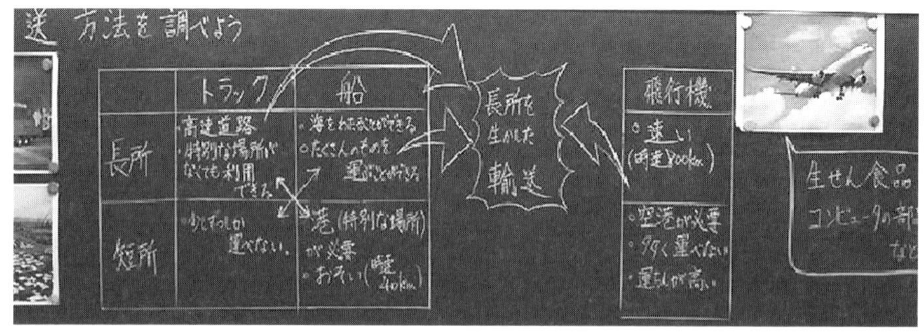

④　トラックや船の長所，短所を参考にしたり，これまでの経験を思い出したりしながら，飛行機の長所や短所が発表された。

そして，「完成した自動車を隣の県に運ぶときはどうする？」「大型の機械を大量に海外に運ぶときはどうする？」「小さくて高価なコンピュータの部品を海外に運びたいときはどうする？」と子どもたちに問いかけ，板書された図表をもとに答えさえた。

最後にトラックや船，飛行機がそれぞれの長所を生かして物品を輸送していることを確認し授業を終えた。

⑶　本時を振り返って

授業後のアンケート結果から，本時の板書は子どもたちがそれぞれの輸送手段の長所や短所を考える上で役に立っていることが分かる。多くの子どもたちがその理由として「比べやすい」と答えていることから，図表的な図解型板書は，子どもたちが比較して考える上で効果的であるといえる。

また，本時の内容についても88％の子どもが分かったと答えており，事柄の整理が完成した図表は，子どもたちの理解を促す効果もあるといえる。

一方，「表の中に書き込まれた言葉が簡単すぎて，もう少し詳しく書いてほしかった」という子どもの感想もあった。図解型板書を構成していくときに，私は言葉をなるべく短くキーワード的に板書していくことを心がけているが，このことが，子どもたちが考えたり理解したりする上で逆効果になる恐れもあるといえるだろう。

また，子どもたちから出された意見を，その場で適切な言葉で短く表現し直すというのはとても難しいことである。板書を介した教師と子どもとの対話を進めることで，絶えず共通理解をしながら板書を進めていく必要があるといえるだろう。

授業後のアンケート結果（5年生総数38人）

長所や短所を考える上で板書は役に立ちましたか？

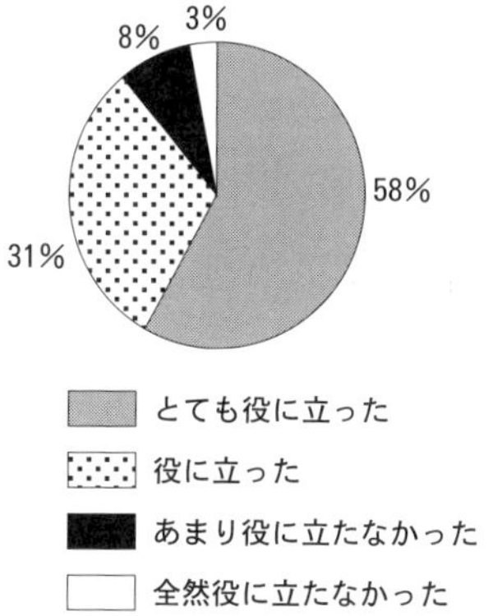

3%
8%
58%
31%

とても役に立った
役に立った
あまり役に立たなかった
全然役に立たなかった

工業製品などがそれぞれの長所を生かして運ばれていることが分かりましたか？

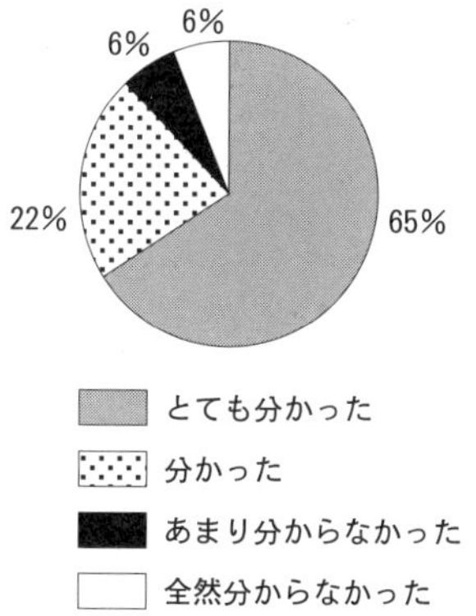

6%
6%
22%
65%

とても分かった
分かった
あまり分からなかった
全然分からなかった

子どもたちの主な感想

・表にしてあるので，比べながら考えることができた。（男）
・矢印があると，どことどこを比べるのかがはっきりと分かった。（女）
・それぞれの乗り物にはそれぞれ違った長所や短所があることがわかった。（男）
・表の中の言葉が簡単すぎてよく分からなかった。（もっと詳しく書いてほしい）（女）

第２節　５年単元「国土の様々な自然とくらし」

1　単元設定の意義

子どもたちは，４年生時に，単元「わたしたちの愛知県―くらしと土地の様子―」で，山地の環境を生かした稲武町の人々のくらしの様子や，海に近い環境を生かした南知多町の人々のくらしの様子を学習している。そのため，自然環境と人々とのくらしに関係性があることには概ね気がついてはいるが，愛知県内の具体的な事例としての知識で留まっており，人々のくらしを見つめるときの概念装置としては身についていない。

本単元では，県内からさらに視野を広げ，日本全国を対象としている。そして，地図帳や地球儀を活用し，国土全体の概観を捉えるとともに，日本の地形や気候の特色について学習する。さらに，沖縄県や北海道という特色ある地域の具体事例を取り上げ，各種統計や写真なども用いて，人々が自然条件をどのように生かして生活するのか学習する。これらの学習を通して，気候の特色や人々のくらしの特色を表す様々な形態の各種資料を読み取る技能を身につけるとともに，人々のくらしと自然環境との関係性についてもこれまで以上に考えていくことが期待できる。以上のことから，自然環境との関係性という概念装置を身に付け，社会的な見方や考え方を広げていく上で本単元は意義があると考える。

また，人と自然，人と環境の関係を読み解いていく上で，関係性を視覚化できる図解型板書は有効的に活用できると考える。

2　単元の目標

○　沖縄県や北海道の気候や地形，産業，くらしの様子を調べ，そこに生きる人々の生活に関心をもつことができる。また日本の国土の位置や地形，気候の概要，特色について調べ，国土に対して関心をもつことができる。

○　気候条件から見て特色ある地域の人々の生活や産業について具体的に考えることができる。また，国土の位置，地形，気候は相互に関連し，地域ごとに特色があることを考えることができる。

○　各種資料を効果的に活用して調べ，自然環境から見て特色ある地域の様子や国土の自然，くらしについてまとめることができる。

○　自然条件から見て特色ある地域の人々は，生活や産業を工夫しながら環境に適応していることを理解し，国土の位置や，地形，気候の概要と地域ごとの特色が具体的にわかる。

3　学習計画

（★印＝図解型板書を取り入れた授業）

時		学　習　活　動
1	○	日本の位置の表し方，緯線・経線の使い方などを調べる。
2	○	日本の気候の特色について調べ，まとめる。
3	★	沖縄の気候の特色について調べ，気候と人々のくらしのかかわりについて考える。
4	★	沖縄県の位置について調べ，地理的な位置と人々のくらしのかかわりについて調べる。
5～8	○	北海道の気候の特色について調べる。
	○	北海道の地理的な位置について調べる。
	○	北海道の生活，産業，伝統，文化について調べる。
	○	調べたことを基にして，気候や位置と生活などとのかかわりを考え，分かりやすくまとめる。
9	★	これまでの学習を振り返り，北海道と沖縄県の人々のくらしの共通点を考える。

4　第２時の様子

(1)　図解型板書の意図

子どもたちは，統計資料や写真などから，具体的な事実を読み取ることはできている。しかし，読み取った事柄同士を相互に関連付け根拠を明確にし，その背景にある社会事象の意味を予想したり，考えたりすることを苦手にしている子どもは多くいる。本時では，気候の特色を読み取るグラフ資料や人々のくらしの特色を読み取る文章，統計，写真資料など様々な形態の資料を利用する。

こうした資料から読み取った事柄を相互に関連付けながら，気候と人々のくらしとの関係性を考えていくことができるようにするために，図解型板書を活用することにした。

⑵　授業の様子

①　教科書に載っている沖縄の気候に関する資料「那覇市と東京都の年間平均気温」（東京都を名古屋市に変えて提示）「日本と沖縄県の年間降水量」「沖縄県と北海道の台風上陸数」を基に，資料の読み取りを行い，沖縄県の気候の特色を板書した。

②　次に，教科書，地図帳，資料集を基にして，グループごとに沖縄県のくらしや産業で特徴的な事柄を調べる活動を行った。その後，調べたことを発表する時間を取り，全体に確認を取りながら板書を行った。

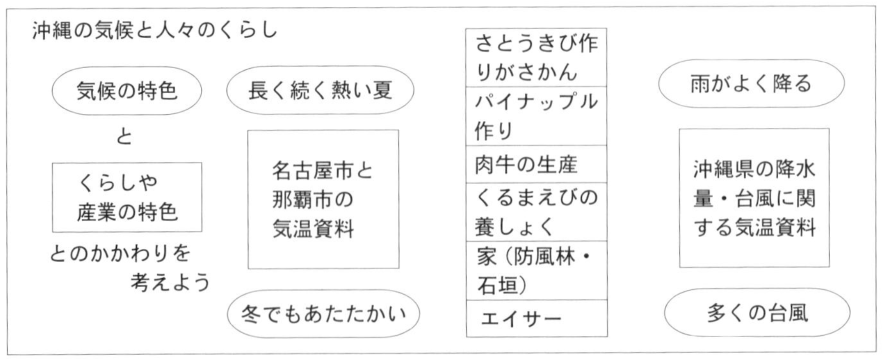

③「沖縄県の気候の特色と人々のくらしの特色にはどのようなかかわりがあるのだろうか」と発問をし，板書された気候の特色（赤枠）と人々のくらしの特色（青枠）との関係を考える活動を行った。その後，数人の子ど

もたちが自分の考えたかかわりを表す線を黒板で結んだ。

中には，「台風対策のため」「（冬の暖かさを）利用している」など，関係を表す言葉も一緒に書き込む子どもの姿も見られた。

④　子どもたちが書き込んだ線を，一本一本取り上げ，線を結んだ根拠を問いながら，板書を整理していった。関係を表す資料等があるなど根拠が明確な場合は実線で，確かな根拠がなく，予想の範囲で留まっているものは点線で表し直した。

自分たちで線を書き込んだり，皆で確認をしたりする活動をすることで，「その線は関係がないんじゃないか」「暑い夏はパイナップルにも関係しているのではないか」など，黒板を見ながらさらに思考を働かせ声を挙げる子どもたちの姿が見られた。

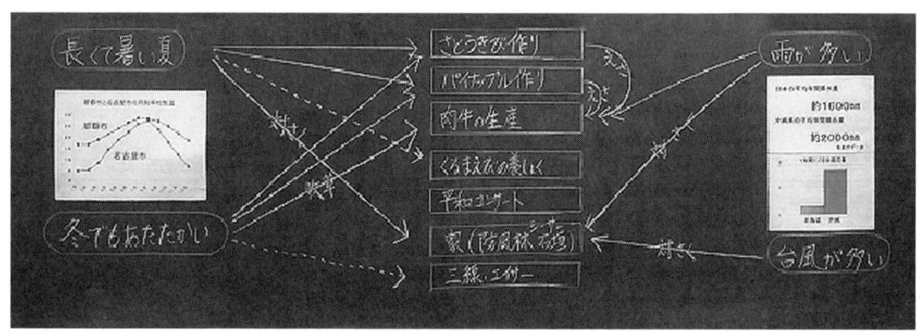

⑤　最後に，気候の特色と明らかな関係性を見つけ出すことができなかったくらし・産業の特色を「？」で示した。これらは，次時の「地理的な位置とくらしの関係」につながるものであるので，「？」で示すことで問題意識を持続させたいと考えた。

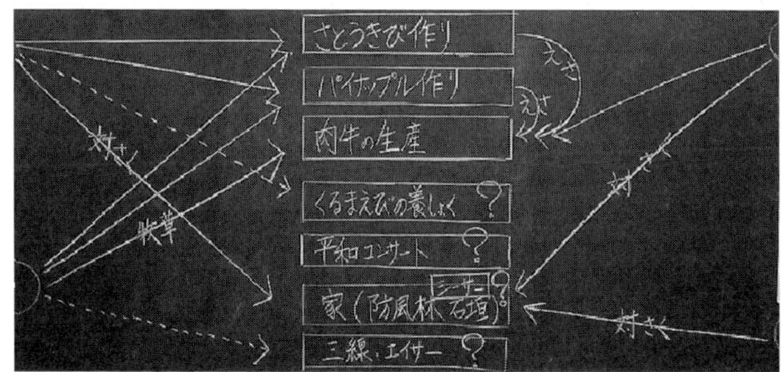

⑶　本時を振り返って

授業後のアンケート結果を見ると，本時の課題であった沖縄の気候と人々のくらしについて，93％の子どもが分かったと答えている。黒板の内容については，89％の子どもが分かりやすかったと答えている。気候の特色を赤枠で，くらしの特色を青枠で囲み，それぞれの関係性を矢印で結ぶ板書は，子どもたちの理解を促す上で有効であったと考える。また，気候に関する資料から分かったこととくらしに関する資料から分かったことを矢印で結ぶ活動は，資料を関連付けて読み解いていくことの大切さを学ぶきっかけになったのではないかと考える。

授業後のアンケート結果（5年生総数61人）

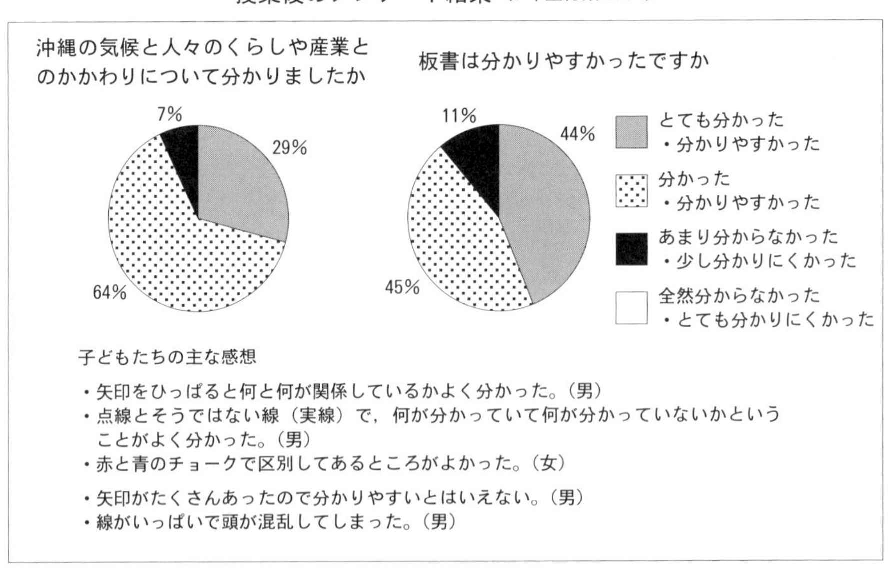

沖縄の気候と人々のくらしや産業とのかかわりについて分かりましたか
7%
29%
64%
板書は分かりやすかったですか
11%
44%
45%
とても分かった
・分かりやすかった
分かった
・分かりやすかった
あまり分からなかった
・少し分かりにくかった
全然分からなかった
・とても分かりにくかった
子どもたちの主な感想
・矢印をひっぱると何と何が関係しているかよく分かった。（男）
・点線とそうではない線（実線）で，何が分かっていて何が分かっていないかということがよく分かった。（男）
・赤と青のチョークで区別してあるところがよかった。（女）
・矢印がたくさんあったので分かりやすいとはいえない。（男）
・線がいっぱいで頭が混乱してしまった。（男）

5　第3時の様子

⑴　本時の図解型板書の意図

位置関係など，空間的な関係性は文字で表しにくい。この空間的な関係性を板書で具体的にイメージできるようにするには図解が有効であると考える。

そこで，資料から読み取ったことと空間的な要素を関連付けながら，その関係性を読み解いていくことを本時のねらいとし，授業を行った。

⑵　授業の様子

①　首里城と紫禁城の写真を提示した。子どもたちからは「形や色がよく似ている」という声があがる。

それぞれが沖縄県と中国の城であることを伝えると，なぜ似ているのかという疑問の声が出始めた。前時の学習を生かし「気候がよく似ているのでは」と予想をする子どももいる。

②「作った人が同じなんじゃないか」「お城の作り方で沖縄と中国の交流があった」といった子どもたちの予想後，「沖縄と中国は近いから」という意見を取り上げ，本当に近いかどうか確かめる活動を行った。

子どもたちはすぐに地図帳を広げて確かめ始めたが「近いと言えるかどうか……」と迷っている声が多い。「近さ」の捉え方が子どもたちによって違うのであろう。

③　そこで，沖縄県を象った資料を黒板に提示し，台湾や中国沿岸，フィリピンがどの辺りに位置するのか，子どもたちに板書するよう指示した。

④　この図を基にして，九州がどの辺りになるか問うと，黒板の中には収まらないのではないかという声があがった。そこで，九州と書いたカードを黒板の上部に配置した。こうすることで，子どもたちは沖縄県が中国や東南アジアの近くに位置することを確認することができた。

⑤　次に,「中国や東南アジアとの近さは沖縄県の人々のくらしにどのような影響を与えているのだろうか」と発問した。子どもたちは教科書や資料集を手がかりに,パイナップル作りの技術が伝わったことや料理,音楽,祭りなどに影響を受けていることを捉えた。

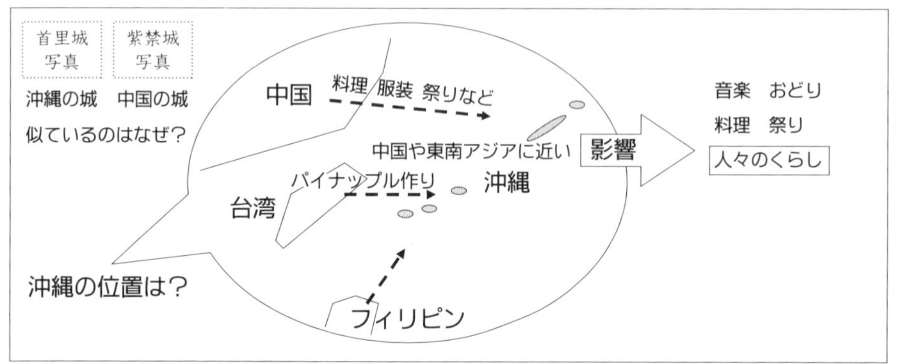

⑥　その後,「沖縄県内の米軍軍用地」資料を提示し,黒板右に貼付した。子どもたちは,軍用地の多さに驚くと共に,この問題が沖縄県の地理的な位置とどのように関係しているのか考え始めた。

⑦　子どもたちは教科書を手がかりにして,沖縄県が太平洋戦争で激しい戦場になり,その後アメリカ軍に占領されたことを突き止めた。そして,黒板に示された沖縄県近辺の図から,沖縄県がアジアを結ぶ重要な場所に位置していることを捉えた。

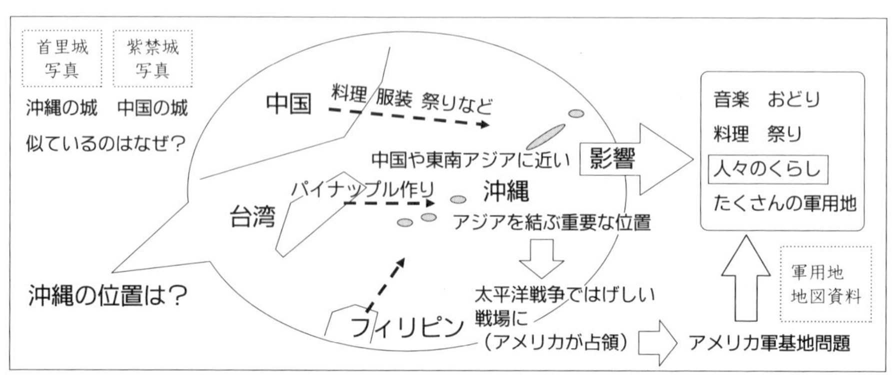

⑶　本時を振り返って

授業後のアンケートでは，授業の内容や板書の分かりやすさについて，約90％の子どもが「分かった」「分かりやすかった」と答えている。このことから空間的な関係性を図解型板書で示すことは，有効な手段であると考える。

また，授業の流れ⑥の場面では，沖縄の位置とアメリカの軍用地との間には，どんな関係があるのだろうかと皆が黒板を見つめ，その関係性を読み解ろうとする意欲的な姿が見られた。このことから，ただ順序よく板書を進めるのではなく，板書の配置を工夫することで，子どもたちの問題意識を高めることができることが分かった。一方で，授業後のアンケートで「分からなかった」「分かりにくかった」と答えている子どもは，この関係性を読み解くという活動をすごく難しいものとして捉えているようである。

例えば矢印や「？」の配置を工夫するなど，何と何の関係が問題になっているのか，どのような関係を問題にしているのかといったことを明確にするような手だてが必要である。

授業後のアンケート結果（5年生総数57人）

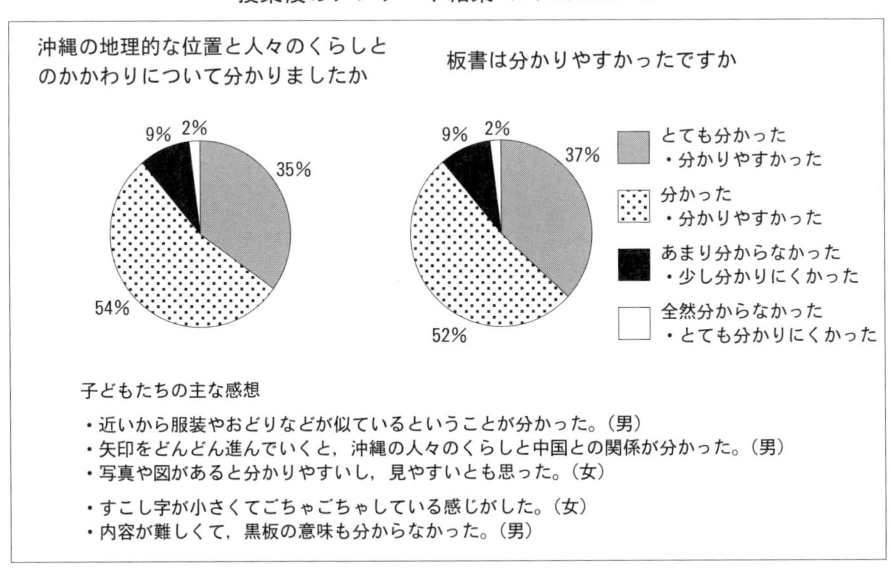

沖縄の地理的な位置と人々のくらしとのかかわりについて分かりましたか
9％
2％
35％
54％
板書は分かりやすかったですか
9％
2％
37％
52％
とても分かった・分かりやすかった
分かった・分かりやすかった
あまり分からなかった・少し分かりにくかった
全然分からなかった・とても分かりにくかった
子どもたちの主な感想
・近いから服装やおどりなどが似ているということが分かった。（男）
・矢印をどんどん進んでいくと，沖縄の人々のくらしと中国との関係が分かった。（男）
・写真や図があると分かりやすいし，見やすいとも思った。（女）
・すこし字が小さくてごちゃごちゃしている感じがした。（女）
・内容が難しくて，黒板の意味も分からなかった。（男）

6　第９時の授業の様子

(1)　図解型板書の意図

これまで子どもたちは，沖縄や北海道の人々のくらしを調べ，それぞれの具体的な事実を資料から読み取ってきている。

本時は，単元の最終時であり，これまでに獲得した具体的知識を対比・比較して考え，概念的な知識を読み取っていくことをねらいとしている。

黒板という共同作業・共同思考の場で，調べて分かった複数の具体的な知識を基にして，そこに共通する概念を読み解いていけるような図解型板書をイメージしながら授業を行った。

(2)　授業の様子

①　改めてこれまでに学習した北海道と沖縄の位置を確認した。子どもたちは，地図帳からそれぞれの緯度と経度を調べ，北海道が北東より（黒板上では右上），沖縄県が南西より（黒板では左下）に位置していることを確かめた。

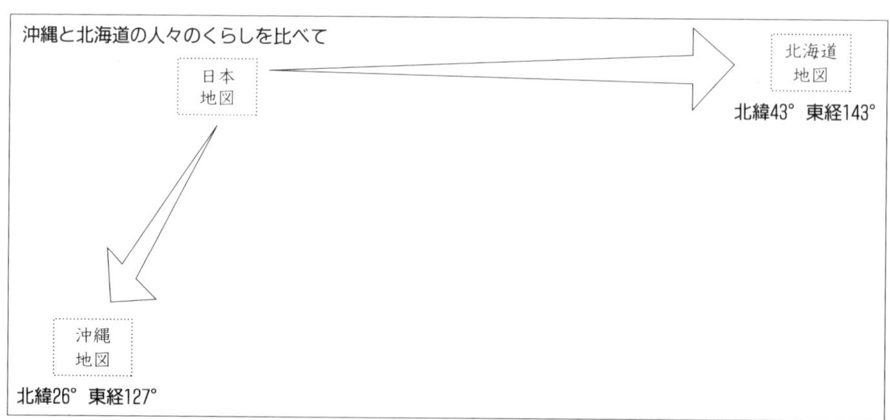

②　次に，これまでの学習を振り返り，沖縄県の気候の特色や人々のくらしの特色を発表するようにした。同様に北海道についても行い，それぞれの発表に合わせ，所定の位置に板書を進めていった。

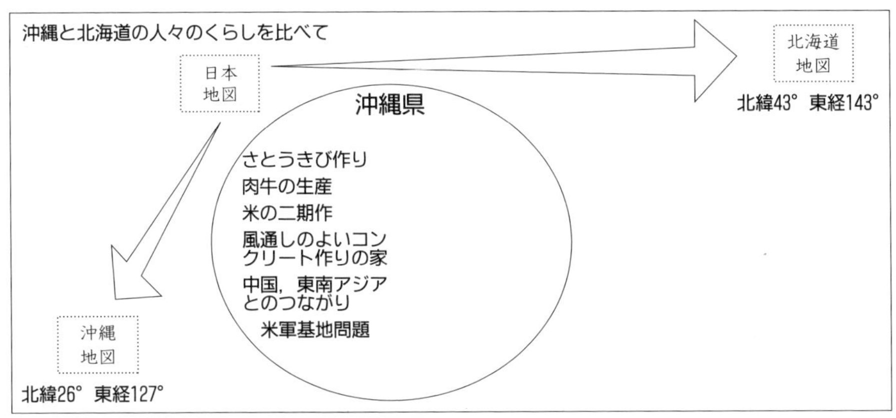

③　北海道の発表後，沖縄の枠と重なるように大きな枠を板書すると，「何で？」という子どもの疑問の声があがったが，「共通していることだ」という声も聞かれ，「共通点は？」と板書した。

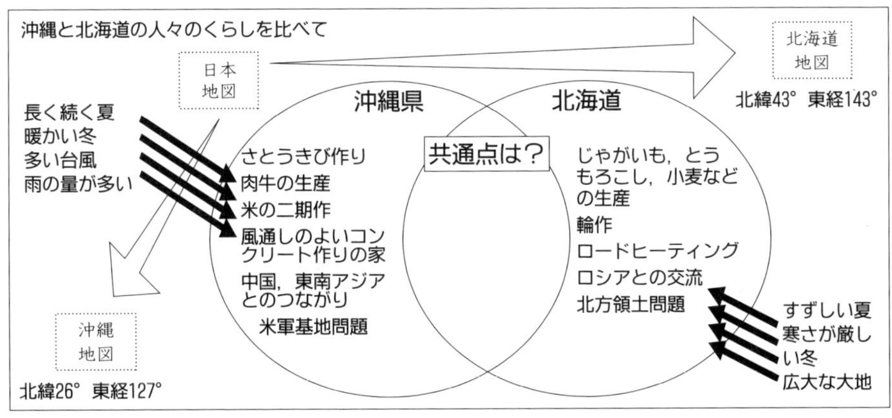

④　共通点を表す一般的な言葉が見つからず悩む子どもが多かったが，しばらくして数人の子どもが，「どちらも自然を生かしてくらしている」と発表した。

子どもたちにその意味を聞くと，気候や地理的な位置，地形などを含む意味での「自然」であったため，「自然環境」という言葉に直して板書した。

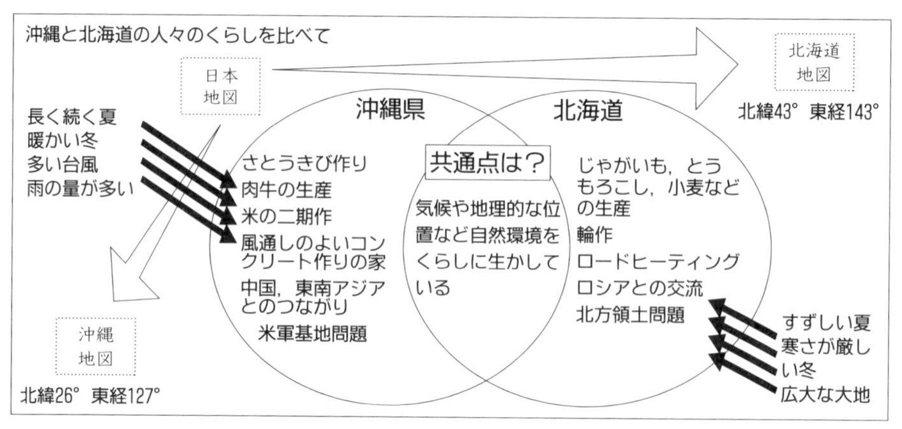

(3)　本時を振り返って

子どもたちは，沖縄と北海道は気候もくらしも全く異なる地域と捉えていたので，枠を重ねて板書し，共通点を問うと「共通点なんてあるの？」と，とても驚いていた。

初めはこの課題を難しいと感じていた子どもも見られたが，黒板を見つめ板書を手がかりにすることで，共通点を考えていくことができたと考える。これは，授業後のアンケートでも，全体の90%が「板書が役に立った」としていることからもいえることである。しかし，授業前は，枠で囲むことでそれぞれの地域の特色をひとかたまり

授業後のアンケート結果（5年生総数58人）

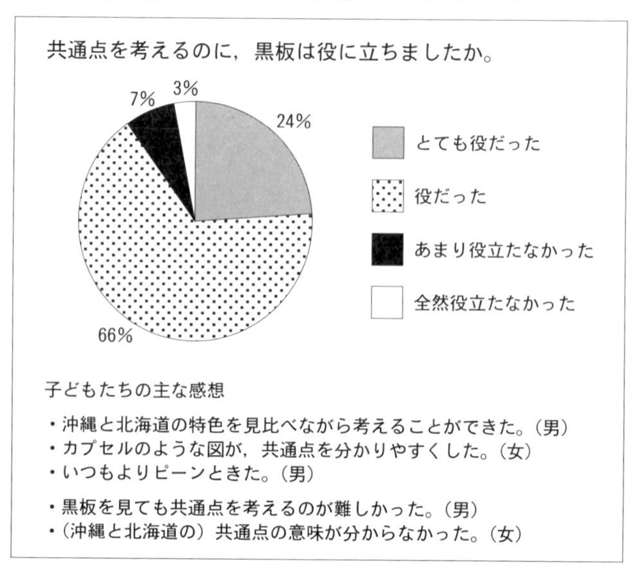

共通点を考えるのに，黒板は役に立ちましたか。
24%
66%
7%
3%
とても役だった
役だった
あまり役立たなかった
全然役立たなかった
子どもたちの主な感想
・沖縄と北海道の特色を見比べながら考えることができた。（男）
・カプセルのような図が，共通点を分かりやすくした。（女）
・いつもよりピーンときた。（男）
・黒板を見ても共通点を考えるのが難しかった。（男）
・（沖縄と北海道の）共通点の意味が分からなかった。（女）

として捉え，２つの枠の重なりから，全体を見比べて共通点を考えることができるようにしたいと考えていた。

一方，実際の共通点を考える場面では，「どちらも気候対策の家がある」「どちらも外国との交流や影響がある」というように，一つひとつの事象を見比べて共通点を考える子どもが多かった。図に対する捉え方を教師と子どもが共有できるような配慮が必要であった。

第３節　６年単元「世界の中の日本」

１　単元設定の意義

子どもたちはこれまでに，総合的な学習で「環境問題」について学習をしている。そのため，「酸性雨」「地球温暖化」など，環境問題に関する事柄を知っている子どもは多い。

しかし，子どもたちは環境問題と自分を単線的な関係で捉えている傾向が強く，実際に解決に取り組んでいる国際機関や国の働きなどを踏まえて自分の考えをもっている子どもは少ない。

また，世界には環境問題だけではなく，戦争・紛争問題や食料問題など世界全体が共通に抱える問題がある。これからの国際社会に生きる子どもたちには，こうした問題までにも目を広げ，問題意識をもつことが大切であると考える。

同様に，世界の問題について考えるためには，その問題に取り組む国同士の関係や中心となる国際機関の働きについても踏まえながら，これらの問題を見ていく必要があると考える。

以上のことから，日本と経済や文化の交流などで深く結びついている国の様子や世界の問題を解決するために中心となって活動をしている国際連合の働き，そして，日本の役割を学ぶ本単元は意義があると考える。

また，国と国，世界の問題間，国と国連，世界の問題が複雑に関係しあっていることを理解し，広い視野から問題を捉え，自分の考えをもてるようにするためにも図解型板書は有効に活用できると考える。

2　単元の目標

○　ますます結びつきを深める世界の中で，平和な住みよい国際社会の実現のために，相互の理解や協力を大切にして，世界の中の日本人として問題を見つめ考えていくことができるようにする。

○　世界の国々とどのように交流を深め，平和で住みよい世界を築いていくためにはどのようにすればよいのかを考えることができるようにする。

○　写真，地図，統計グラフなどの資料を効果的に活用し，広い視野から国際社会の動きを捉え，国際理解を深めていくことができるようにする。

○　日本と結びつきの深い国を調べ，それらの国々の人々の生活を理解できるようにすると共に，世界の問題を解決するために取り組む国際連合の働きや国際社会における日本の役割を理解できるようにする。

3　学習計画

（★印＝図解型板書を取り入れた授業）

時		学　習　活　動
1	○	学習問題「宇宙船地球号はこのまま飛び続けることができるだろうか」をつかみ，学習計画をたてる。
2	★	乗組国の関係調査1「日本とサウジアラビアとの関係」を調べる。
3～5	○	日本とかかわりの深い国をひとつ選び，その国の生活や文化，日本との関係を調べる。
6	○	自分の調べたことや友達の発表を基に，日本と他国との関係を深めていくために大切なことを考える。
7	○	世界が抱える問題について調べ，解決すべき最優先問題を考える。

8	★	解決すべき最優先問題についての話し合いを通し，世界が抱える問題についての理解を深める。
9	○	世界の問題に取り組む国際連合の働きについて理解する。
10	○	青年海外協力隊の働きを調べる活動を通して，国際社会の中での日本の役割を考える。
11	★	これまでの学習を振り返り，平和で住みよい世界にするために大切なことやそのために今の自分にできることについて考える。

4　第２時の授業の様子

⑴　図解型板書の意図

子どもたちが自ら興味をもった国を選び，追究する活動の前に，学級全体で１国を取り上げ追究し理解を得る時間を設けた。

他の国も調べてみたいという意欲向上とともに，資料から読み取ったことを課題解決に向けてどのように生かすのかなど，具体的な調べ方や考え方などを学んでほしいと考えたからである。

そこで，本時では，私たちのくらしに欠かすことのできない石油の貿易で日本とつながりが深く，またイスラム教という異文化のくらしの特色がはっきりとしているサウジアラビアを取り上げることにした。

板書の工夫として，サウジアラビアの国の様子を大枠で，その中での人々のくらしの様子を小枠で囲むことで，子どもたちが資料から読み取ったことを関連付けやすくすることをねらった。同様に，日本との関係を示す事柄には矢印を用いて関連付けができるようにした。

⑵　授業の様子

①　日本と他国との関係についての問題意識をもって前時の学習を終えている。そこで，本時では，身の回りの石油商品を取り上げ，これらと関係の深い国としてサウジアラビアを取り上げること伝えた。

　サウジアラビアがどんな国なのか，日本とどのようなかかわりがあるのかを子どもに聞いても，「石油がとれる国？」という予想以外，知っていることは何もないという状態である。そこで，サウジアラビアという国の様子を示す枠と，日本とのつながりを表す矢印に併せて「？」を板書することで，本時の課題を示した。

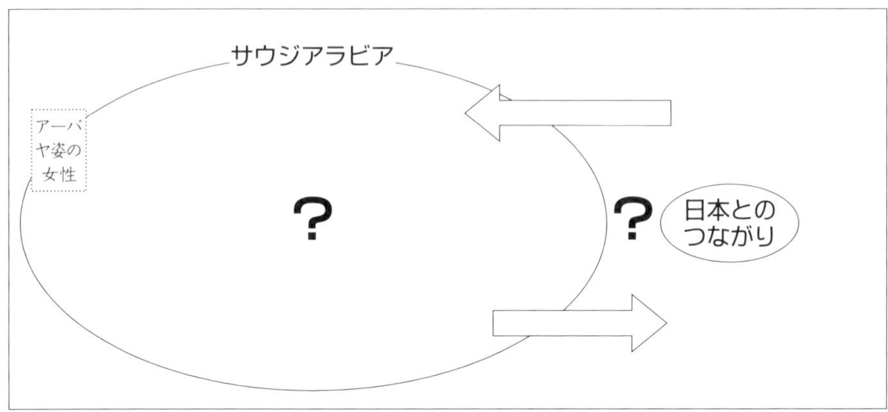

② 教科書，地図帳，資料集，教師作成の補助資料を基にして，課題について調べることにした。その後，調べたことを発表させ，枠内に板書していった。「アーバヤ」（服装）のようにイメージし難いものは写真も貼付した。

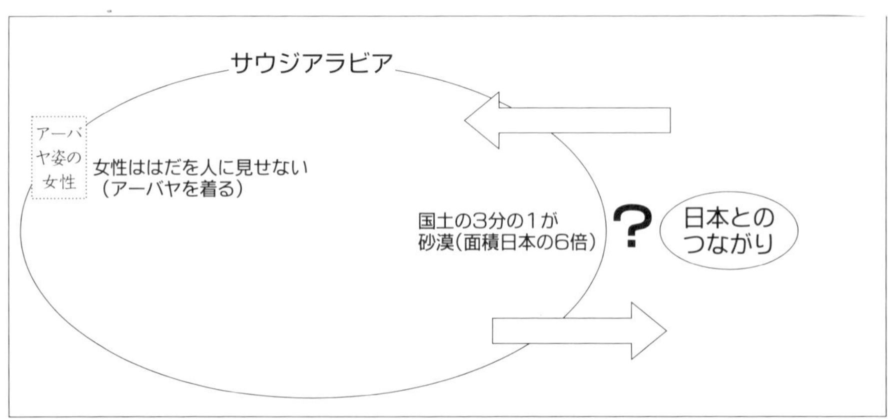

③ 「イスラム教を信仰する人が多い」という発表があった。そこで，板書内容から，イスラム教にかかわる事柄の有無を問い，関係箇所と線を結んで板書した。

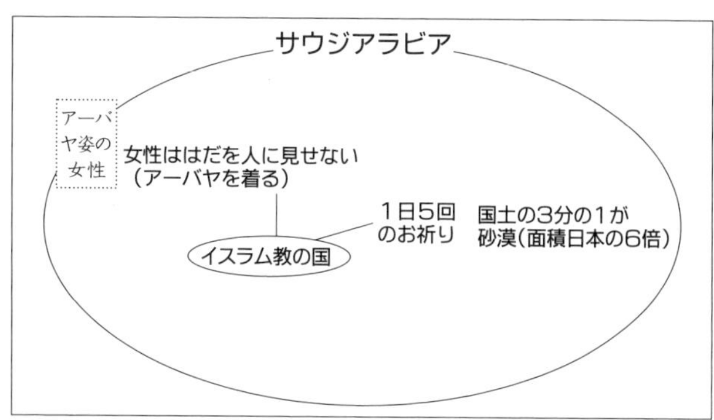

④　その後，イスラム教にかかわる事柄の発表が続いた。線で結ぶことができるかどうかを問いながら板書を続けた。

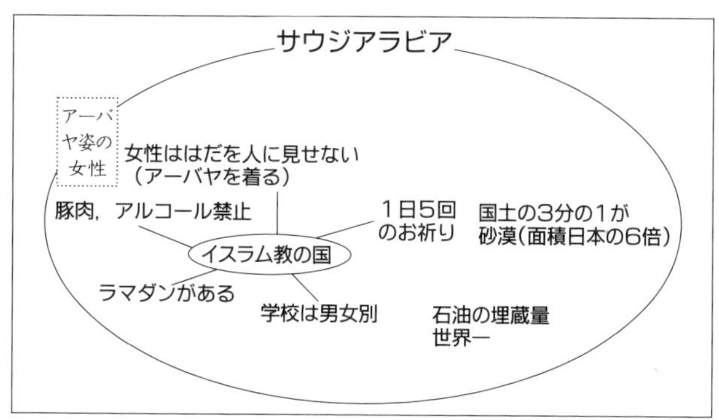

⑤　サウジアラビアはどんな国かという広い範囲を調べる対象にしていたので，資料から読み取った事柄はとても多い。

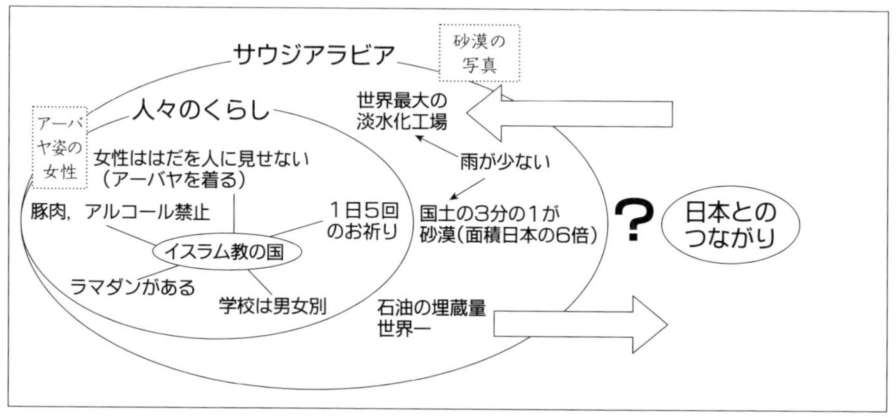

これらの事柄を関係付けたり，仲間分けしたりして整理できるように，人々のくらしにかかわることを丸枠で囲んだ。その後，残っている「？」を解き明かすための発表を子どもたちに促した。

⑥ 日本とのかかわりについての発表後，それぞれの矢印にかかわりを表す事柄を板書した。その後，前時から続いている「他国の様子・他国との関係」という問題意識を再確認するための板書を行い，授業を終えた。

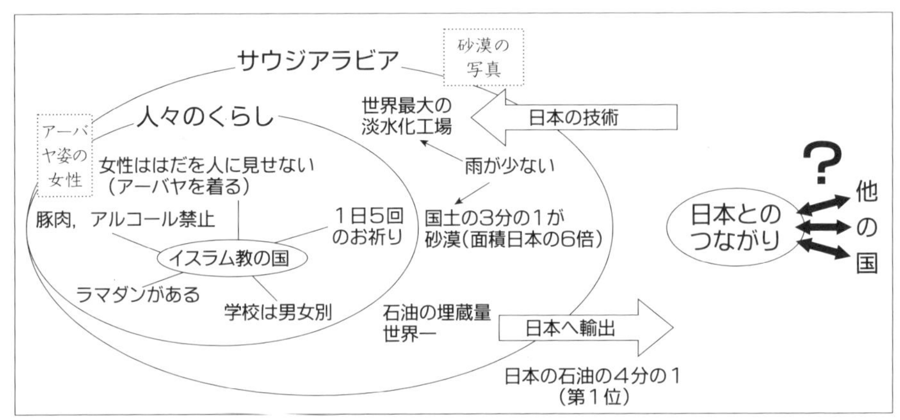

⑶ 本時を振り返って

授業後にとった子どもへのアンケート結果を見てみると，95％の子どもが授業の内容がよく分かったと答えている。

しかしながら，板書の内容が分かりやすかったと答えているのは，約80％に留まった。

初めに大枠と矢印で本時の課題を示し，自分たちが調べた事柄で，枠の中身や，矢印の意味を解き明かし板書していく活動は，複数の調べた事柄を結び付け理解する上で効果があったと考える。

一方で，チョークの色の使い方，ノート作りについての課題が判明した。

授業後のアンケート結果（6年生総数73人）

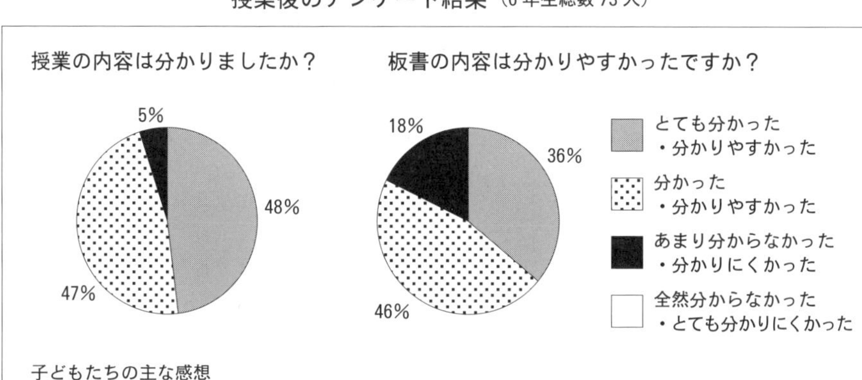

子どもたちの主な感想

- 矢印があると，何かと何かが影響しているとか関係しているということがよく分かる。（男）
- サウジアラビアのことと日本とのつながりのことを分けてかいてあっても，それぞれの関係がよく分かった。（女）
- どんなことを調べるのかがよく分かった。（女）
- 字だらけでなく，1つのことと結び付けてあったりして，覚えやすい。（女）
- 字が少なくて，ノートがとりやすい。（男）

- 色分けをするともっと分かりやすくなると思う。（男）
- 写真が一枚だけだったので，もっとあった方が分かりやすい。（男）
- ノートを書くのが大変で，話がよく聞けなかった。（男）
- 字の大きさを変えてほしい。黒板の下の方が見えない。（女）

次の資料は，本時の授業3週間後に行ったサウジアラビアの人々のくらしと日本との関係を問う記述式の問題とその正答率を表すグラフである。

別紙の資料1から分かることを参考にして，サウジアラビアの人々のくらしの様子や日本との結びつきを説明してください。その時に次の［　　］の中の言葉を3つ，必ず使うようにしてください。

淡水化工場	イスラム教		
仏教	石炭	砂漠	石油

サウジアラビアの人々のくらしと日本とのかかわりに関する問題の正答率（6年生総数71人）

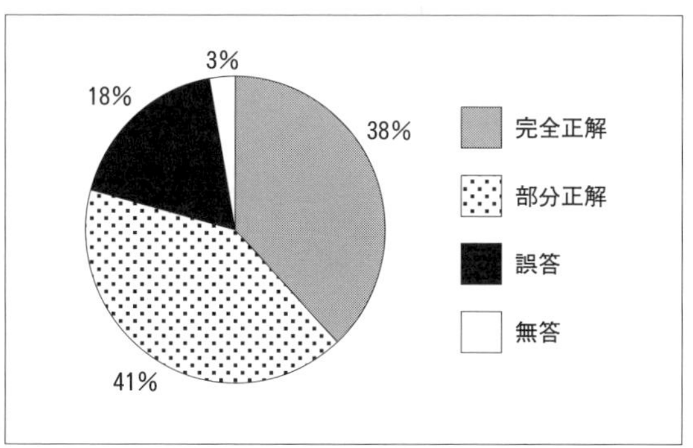

問題の条件を完全にクリアして，正解を導き出すことができた子どもは，40%弱に留まったが，イスラム教と人々のくらしとのかかわり，または，日本との関係を説明する記述ができていた子どもは80%弱いた。関係性を視覚化できる図解の効果の１つだと考えられる。

子どもの解答例

サウジアラビアは，砂漠があって，雨が少ないので，海水を淡水に変える淡水化工場があります。淡水化工場には，日本の技術も使われています。 日本は，サウジアラビアから石油などを輸入しています。サウジアラビアは，日本から自動車や，機械類などを輸入しています。	日本は，サウジアラビアから石油を輸入している。 また，雨があまり降らず，砂漠が多いため，淡水化工場が多くある。 また，人々はイスラム教を多く信こうしている。

5　第８時の授業の様子

(1)　本時の図解型板書の意図

前時の段階では，子どもたちは，これまでの経験や資料から読み取った事実をもとにして考え，判断し，「戦争が起きると多くの人が亡くなるから」「飢えと栄養不足は世界第一位の死亡原因だから」といった理由で問題を選択することが予想される。本時では，その問題が及ぼす影響，他の問題への関連などにも目を向け考えることで，世界が抱える問題についての理解を深めてほしいと考えた。そこで，それぞれの問題の事実的な事柄は吹き出しで，他の問題に及ぼす影響を矢印で示すことで，相互に関連付けながら問題を捉えることができるようにした。なお，「戦争•紛争」「環境問題」「食料問題」「教育問題」という４つの視点から考える授業展開は，米沢市立広幡小学校教諭仁瓶孝嗣氏の案（上条晴夫・江間史明編著『ワークショップ型授業で社会科が変わる』図書文化）を参考にした。

⑵　授業の流れ

①　一番初めに発言を予定していた子どもの選んだ「戦争・紛争」を左上に，だれも選んでいなかった「教育問題」を右下に配置した。

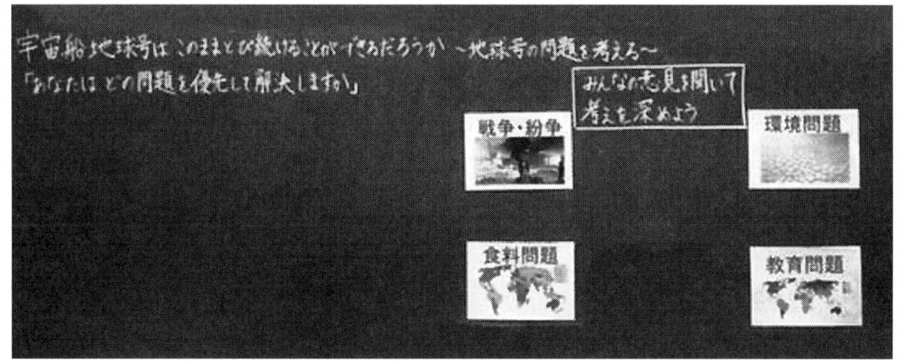

②　まず，前時の段階で，「戦争が起きると食料不足にもなるし，教育問題も起きる。環境にも悪影響である」と考えていた子どもに発言させ，戦争・紛争から，それぞれの問題に矢印を引く板書を行った。

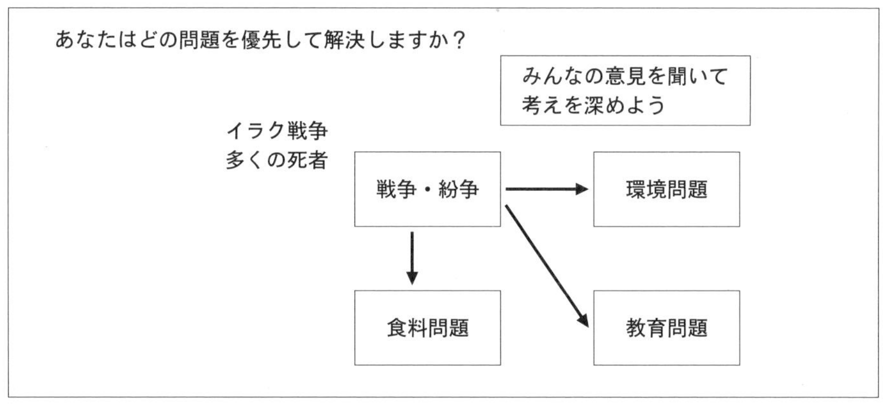

③　その後，「食料問題で飢えている子どもが増えたら，教育どころではない」「食料問題は干ばつが原因だから，環境問題を解決しないといけない」「字の読み書きをできるようにして，教育を高めていかないと世界のみんなで環境問題を取り組むことができないのではないか」など，それぞれの

問題が及ぼす影響を考えた意見が次々と発表された。

その発表に合わせて矢印を結ぶ板書を行った。また資料から読み取った事実は白字で，その事実から子どもが解釈した事柄は黄字で板書するようにした。

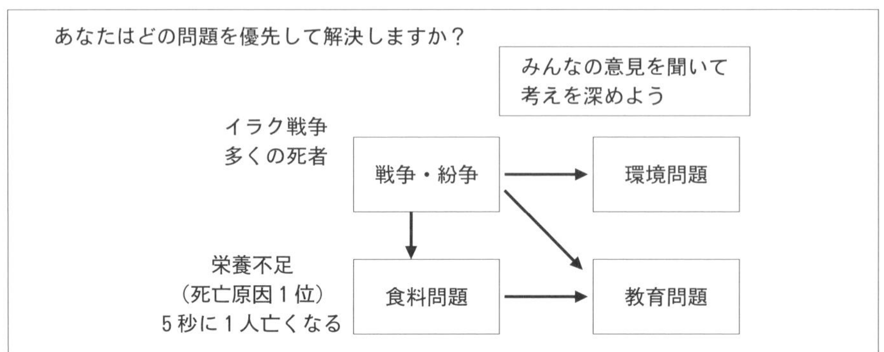

④　やがて子どもたちは，矢印が結ばれていない部分に注目し，その間にも何か関係があるのではないかと考え始めた。

そして，「環境問題が進めば，豊かな土地とそうではない土地ができ，戦争の原因になるのではないか」「教育問題を解決しないと世界全体で環境問題に取り組むことができないのではないか」など，黒板を見ながら問題間の影響や関係を意識し，最優先で解決しなくてはいけない問題について考えていった。

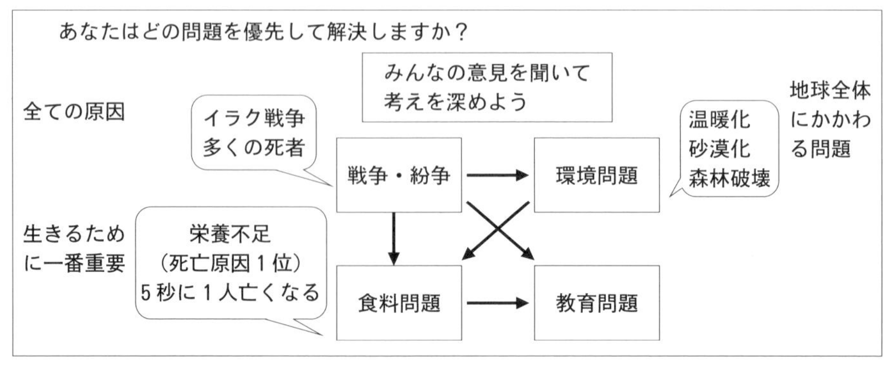

⑤　最後に，食料問題から環境問題への関係・影響を表す矢印が一本だけ板書されていないことに気づくと，子どもたちはこの間の関係に焦点をあて考え始めた。そして「食糧不足が原因で焼畑が進むと環境にも悪影響ではないか」という意見が皆に同意され，全ての関係が矢印で結ばれた。

その後，「あなたはどの問題を優先して解決するか」という問題について再度自分の考えをまとめる活動を行った。

(3)　本時を振り返って

本時の授業後にとったアンケートの結果を見ると，多くの子どもたちが，矢印を結ぶことが，考える上で役立ったという感想を述べている。

授業後のアンケート結果（6年生総数74人）

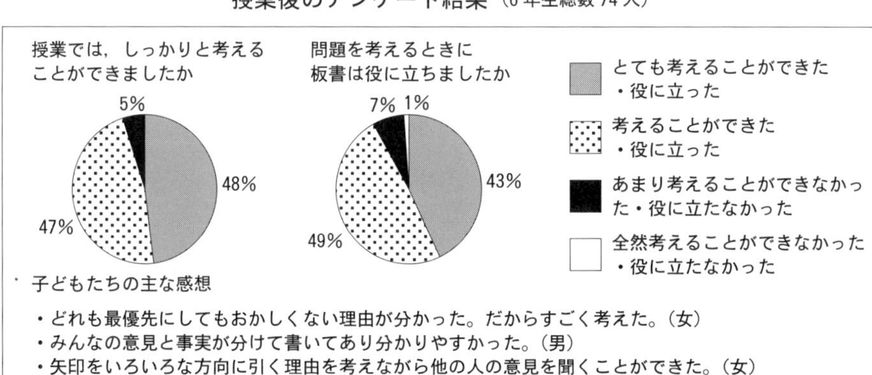

授業では，しっかりと考えることができましたか
5%
48%
47%
問題を考えるときに板書は役に立ちましたか
7%
1%
43%
49%
とても考えることができた・役に立った
考えることができた・役に立った
あまり考えることができなかった・役に立たなかった
全然考えることができなかった・役に立たなかった

・子どもたちの主な感想

- どれも最優先にしてもおかしくない理由が分かった。だからすごく考えた。（女）
- みんなの意見と事実が分けて書いてあり分かりやすかった。（男）
- 矢印をいろいろな方向に引く理由を考えながら他の人の意見を聞くことができた。（女）
- 矢印をひくとすごく迷って，いつもよりも考えたから。（男）
- みんなの意見がいろいろあってごちゃごちゃしたけど，黒板を見ると分かりやすい図になっていたから。（女）

- 矢印がたくさんありすぎてよく分からなかった。（男）
- 矢印がいろいろな方向に引いてあり迷いすぎて考えられなかった。（男）

矢印を引くことが，そこにはどんな意味があるのか，どんな関係になっているのか，矢印が結ばれていないところは本当に何も関係がないのかなど，子どもたちの思考活動を活発にさせていると考えられる。一方で，矢印を引きすぎることで，思考を混乱させてしまうことも一部の子どもの意見から判明した。多くの矢印を利用する場合は，もう少し黒板を大きく使うなど，見やすさを向上させる工夫が必要であった。

子どもたちの意見の変容例を見てみよう。話し合い後に以前と同じ問題を選択する子ども，異なる問題を選択する子どもどちらも，話し合いを通し自分の考えを深めていることが分かる。

考えの深まりを示す子どもの意見例

最優先問題の選択に変更はないが，その根拠に考えの深まりが見られる子どもの意見例

A 児 命が一番。戦争が起きると多くの人が亡くなる。 （最優先「戦争・紛争」）	話し合い後	どれも大切だと思うが，やっぱり戦争を優先すべきだと思う。戦争がなければ，食料問題も少しは解決すると思うし環境問題にも取り組める。 （最優先「戦争・紛争」）
B 児 環境が悪いと食物も育たない。 （最優先「環境問題」）	話し合い後	環境のせいで干ばつなど食料不足を招く。また，環境の良い土地を巡って戦争が起きる心配もあるから。 （最優先「環境問題」）

解決問題のランキングを変更し、自分の考えを深めていく子どもの意見例

C 児 これからも地球号が飛び続けるためには，地球全体の問題から取り組む必要がある。人の命を大切にしたら，教育問題はこの中で最後でも仕方がない。 （最優先「環境問題」・後回し「教育問題」）	話し合い後	栄養不足で死亡する人が一番多いから食料問題を最優先で解決する。 でも，教育問題も大切。大人が読み書きができないと子どももできない。食料も手に入らないし豊かになれない。悪循環が起きると思う。 （最優先「食料問題」に変更，後回しにしていた「教育問題」の優先度を上位に変更）
D 児 食料がないと飢えて死んでしまうから。（最優先「食料問題」・後回し「教育問題」）	話し合い後	環境が悪いと食料もあまりできない。また良い土地を求めて戦争が起きるかもしれない。教育問題を解決しないと，環境問題を解決する時間が長引きそうだし，他の問題の解決にも影響が出る。 （最優先「教育問題」・後回し「戦争・紛争」

特に，話し合い前は，「食料がないと死んでしまう。」「環境問題は地球全体にかかわる問題だから」というように，「ＡはＢだから」と一面的な思考の子どもが多い。しかし話し合い後は，「Ａが起きるとＣやＤにも影響がでる」というように，他の問題とのかかわりを考えながら最優先問題を選択している。

かかわりを意識して最優先を選択しているので，他問題よりも優先しなくてはいけない理由を明確にするためにより深く思考を働かせている。多くの子どもがこのかかわりを意識できたのは，図解型板書の矢印の効果であると考える。

6　第11時の授業の様子

⑴　図解型板書の意図

本時は，単元の一番最後にあたる時間である。そこで，これまでに学んだことを振り返り，それらを踏まえながら，問題に対する自分の考えをもてるようにすることをねらいとした。

⑵　授業の様子

まず，これまでの学習を振り返り，自分の心に強く残っていることを発表するようにした。その発表を受け，「外国との関係」「地球の問題」「日本の役割」というこれまでに学習した３つの要素を板書した。さらに，それぞれの要素について関係のある事柄を板書し線で結んだ。そして，それらの事柄を宇宙船地球号の形でまとめるよう板書した。

その後，「宇宙船地球号がこのまま飛び続けるために大切な

ことはなにか。そのために自分にできるとこはなんだろうか」という本時の課題を黄字で板書し，自分の考えをまとめる活動を行った。

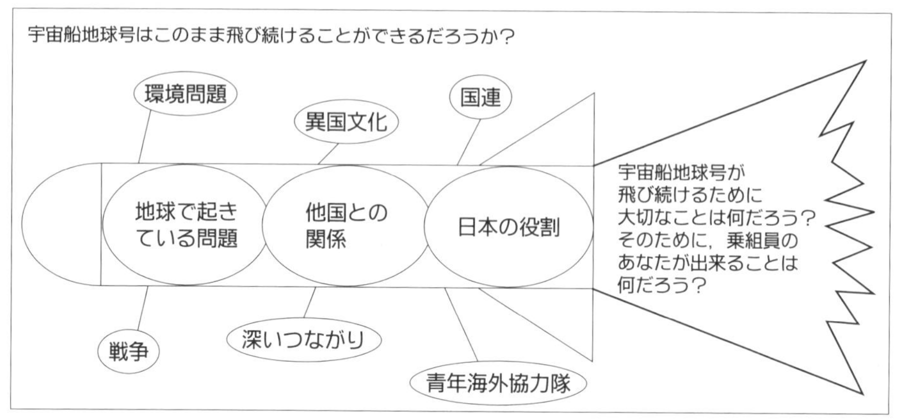

⑶　本時を振り返って

下の資料からも分かるように，本時の図解型板書は，本単元を振り返り，自分の考えをもつ上で96％の子どもが役に立ったと述べている。

実際，次頁資料の「A 児の考え」のように，本単元で学んだ3つの要素「他国との関係」「世界の問題」「日本の役割」を関連付け，自分の考えをまとめていた子どもは，全体の49％おり，2つ以上の要素を関連付けている子どもは，全体の86％を占めた。板書で，枠で囲んだり，線で結んだりすることが，子どもたちに関連付けの意識を高めさせることができたと考える。

授業後のアンケート結果（6年生総数63人）

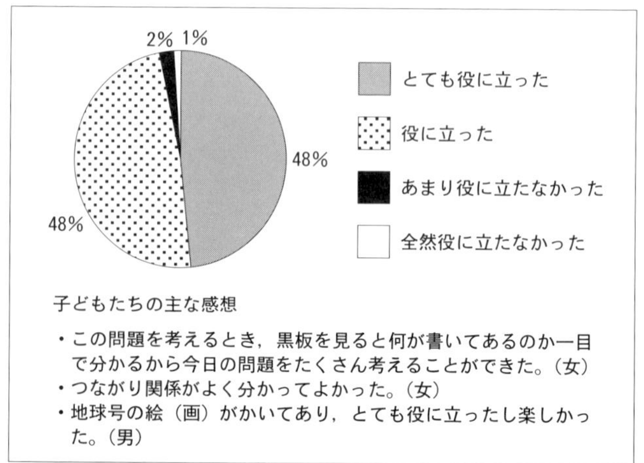

子どもたちの主な感想

・この問題を考えるとき，黒板を見ると何が書いてあるのか一目で分かるから今日の問題をたくさん考えることができた。（女）
・つながり関係がよく分かってよかった。（女）
・地球号の絵（画）がかいてあり，とても役に立ったし楽しかった。（男）

本時の問題に対するＡ児の考え

宇宙船地球号がこのまま飛び続けるためには，世界中の国が手を取り合って一緒に様々な問題を解決する必要があると思う。

また，みんなが他人事だと思って国の責任者だけに任せるのではなく「この問題に直面しているのは自分自身なんだ」と思って考えることが大切なのでは？

具体的になにをすれば良いのかというと，地球で起きている４つの大きな問題を一度にではなく，１つずつ解決すること。無茶をすればどこかで大きくはね返ってくると思うからです。

そして，世界の問題に目を向ける余裕がない国は，余裕ある国がその国に余裕ができるくらい自立ができるように助ける必要がある。

それから乗組国の関係調査で分かったのだが，日本と他国では，文化の違いがたくさんある。その国に古くから伝わる文化や習慣の中に何か問題解決のヒントがあるかもしれない。だから，私は宇宙船地球号が飛び続けるためには，今よりももっとお互いの国について知ることが大切だと思う。それに何も知らないのに問題も解決しようがないと思う。

正直に言うと，このまま飛び続けられるかどうか分からない，人間が努力しても，人の力ではどうにもならないことで地球がほろびるかもしれないからだ。

それでも，私に何かできることがあればできるだけ努力したい。私が地球のためにできることは「小さなことの積み重ね」だと思う。

授業で学んだことを関連づけて考えることができたか（6年生総数71人）

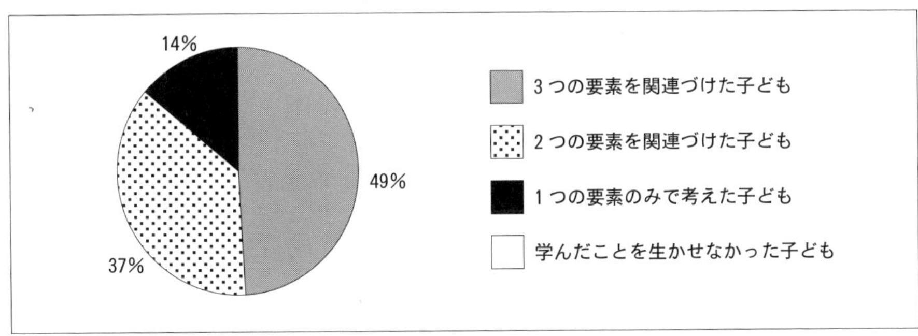

第４節　図解型板書は理解度を高めたか

図解型板書を取り入れた授業後のアンケート結果を見ると，８割以上の子どもは，「分かりやすかった」「考える上で役に立った」と答えている。つまり，理解度を高める上で役に立っているといえるであろう。

それでは，図解型板書のどのような点が分かりやすく，考える上で役に立ったのであろうか。この点を示すため，図解型板書を取り入れた社会科授業の成果を次の３点にまとめてみた。

1　図解型板書は資料の読み取りや解釈を促す効果がある

黒板に資料を添付しながら，矢印や線など活用することで，資料から読み取った事実と他の事実との見えなかった関係性が見えるようになってくる。そのため，子どもたちは，他に読み取れることや，他の事実とつながるようなことを読み取ろうとするようになった。

また，資料から読み取ったことを文章で示すより，図解で示した方が，子どもたちは問題意識や疑問をもつことができた。そのため，「……なのかな」「たぶん……だろう」といった資料に対する解釈もより促されていた。

さらに，話し合いに合わせ矢印や枠などを板書することで，その資料を読み取るための新しい視点に気づくことができていた。

そして，友達との意見の違いが明確になるので，新しい自分の意見も作り出しやすく，資料をもとにした話し合いが活性化されていった。

このようなことから，図解型板書は資料の読み取りや解釈を促す上で効果があると考えられる。

2　図解型板書は子どもの思考を助ける上で効果的である

図解型板書を参考にすることで，複数の事実を比較したり，関係付けたりしながら社会事象の概念について考えることができていた。図解の特徴上，完成した図解型板書よりも，その板書を作っていく段階で，思考力はより発揮される。

そのため，板書に子どもが参加することで，その効果はより上がることも分かった。

また，図解のイメージは頭に入りやすく，図解型板書をもとにして，社会事象を子どもたちが説明することができるようになった。複雑な社会事象は，見方によっては様々な読み解き方が考えられる。

つまり，自分の読み解いた関係性をできるだけ正確に表現し，他者と互いに比べ合うことで，その違いが明確になり，事象に対する違った見方や考え方を獲得することにもつながる。

そのため，説明できる，表現できるという図解型板書の効果も子どもの思考を助ける上で必要なことだと考える。

以上のことから，図解型板書は子どもの思考を助ける上で効果があることが分かった。

3　図解型板書は，子どもを社会科好きにする

理解度を高める上で，まずは社会科に対する子どもたちの意識を高めることは重要であると考える。

子どもたちの様子を見ていると，図解型板書はノート作りを楽しくし，ノート作りでの創意工夫も促していた。

次頁に掲げる資料からも分かるように，社会科に対する子どもたちの意識は半年間で変わってきている。

もちろん，ノート作りだけでなく，板書自身に興味をもつ子どももいたことは，子どもの感想からも分かる。

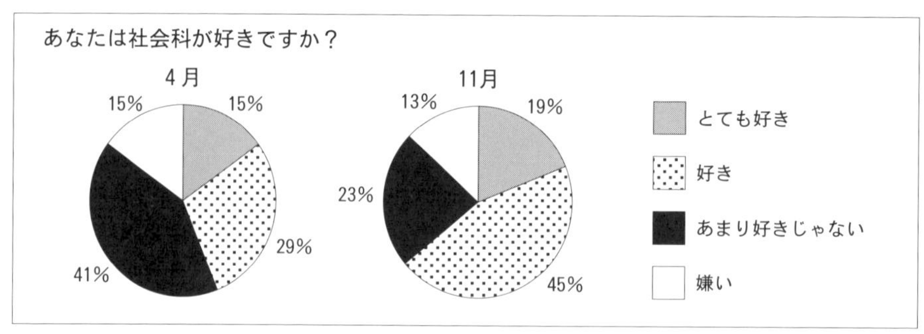

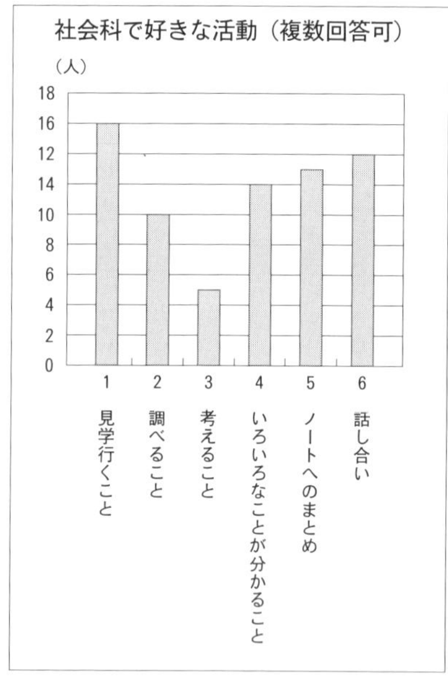

最初は先生が来てびっくりしたけど少ない時間で勉強
してすごく黒板はおもしろみがあり見ていてもあきなかった。
聞いてわからないものは写真や図があって新しい
発見があってたのしかった。社会がすごく
楽しくなった。3年4年5年の社会は字ばかり
でたのしくなかったけど先生のときは今日は
何の図をかくのだろうとか社会とは
ちがうたのしみがあった。

第4章

図解は社会科の言語力をアップする

第1節　PISA型読解力を培うための図解的場面

1　PISA型読解力と図解

PISA型の読解力の低下が話題になり，各教科で読解力の伸長が求められている。しかし，社会科における読解力の伸長は簡単ではなく，複雑な問題場面も含む生活や社会に活かせる学力の観点からも複雑である。文章を読み取る学習に留まらず，統計資料や図，地図，絵，画像，実物などの非連続型テキストからも情報を獲得し，思考し，表現する力が必要となってくる。さらにそこから獲得できた知識や技能を現実の社会生活で活用する力，つまり「生きて働く力」として社会科学力の向上につなげなくてはならない。

ところでPISA調査の問題例の中にあるが，「数学的リテラシー」に属して紹介されている「輸出に関する問1，問2」などは社会科学力との関連を考える上で代表例である。「1996－2000年のゼット国の年間輸出額（単位：百万ゼット）」の5本の棒グラフを単純に読み取り，「1998年のゼットランド国の総輸出額はいくらでしたか？」を回答するだけでよいにもかかわらず，日本の生徒の正答率がフランスの92.0%と比べて，わずか64.6%に留まっていることに注目したい。

さらに問2には，ゼット国の輸出品の内訳（%）が円グラフで示され，その中から「2000年にゼットランド国が輸出したフルーツジュース」の金額を計算させる問題があった。これも簡単な計算ができれば解答できる問題であり，2000 年度の輸出額 42.6 百万ゼットを先の棒グラフから読みとり，フルーツジュースの輸出割合である 9%をかければ解答を導くことができるのに正答率は 54.9%に留まっている。

こういった実際の問題に応用する力が日本の子どもたちは，弱いと言わざるを得ない。従来から指摘されてはいるが，日本の子どもが図やグラフなどが盛り込まれた算数の応用問題に弱いことがここでも露呈された。

しかしこの結果が示すことは，算数科だけの問題でなく社会科において統計グラフを丁寧に読み取らせて考える授業が不足していた裏返しとも受け取れないだろうか。

2　図解で学力向上を図る

では，どうしたら社会科で PISA 型学力を伸ばすことができるのだろうか？

体験的な学習を重視するために地域に根ざした教材を見つけて授業を作ったり，ゲストティーチャーとのかかわりを増やしたり，インターネットで多様な情報と出会わせたりするなどの授業改善は既に行ってきている。

一方で，教科書や地図帳，資料集など教材も用意されている。おそらく，それらに盛りこまれている多様な情報のつながり具合がうまく明示されていないことが，児童・生徒の理解を浅くし社会科の学力低下と関係しているのではないか。

筆者は改善案として図解を駆使した社会科板書を提起したい。図解とは○や→，△などを基本形として物事の関係を視覚化する手立てであり，ビジネスの世界で用いられている KJ 法やランキング，グラフィックな描写，各種統計分析も含んだいわゆる「視(み)える化」を促す手段と考えている。

例えば，しばしば社会科教師が採用する二項対立的な板書（メリット，デメリットに二分箇条書きで示す）に→などの工夫を加えたり，グラフや地図，絵画史料，写真などの社会科資料を真ん中に貼って周辺に読み取り結果を記入したり，略地図で内容を整理したりする方法も含んで捉えている。

もちろん図解型板書だけで読解力が格段に向上するかと言われればそうではない。読解力は文脈を理解した上で資料を深く読み取ったり，自分との関係付けを強めたりしなければ定着は浅い。図解型の板書は，そういった資料活用能力や思考・判断力を伸ばす上で有効な手段であることは間違いない。文章やキーワードだけを板書した箇条書きによる板書だけでは関係認識が弱くなり，全体的な理解が深まらないからだ。

3　おススメの図解

社会科教科書に必ず掲載されている図解の代表格が公民的内容に属する三権分立の図である。国会，内閣，裁判所が三角形の形の頂点に位置づけられ，それぞれが関係し合っている図である。この図を黒板で簡略化してチョークで描く教師が多いと思われるが，こうした図解を各単元で1つは開発することで社会科授業が，幾分改善できるのではないだろうか。

とりわけ○と○を⇔でつなげば両者の関係づけが示せるし，大きな○とその中に小さな○を含ませれば包含関係が示せる。→を2つ以上横に並べれば物事の時間的経過を示せるなど図解は面白い。代表例を巻末に掲載したので参照されたい。

さらに，象徴的なイラストや略地図を図解の中心において周辺に言葉を配置する板書もおススメである。例えば，5年社会でりんご栽培の工夫を扱う際に，リンゴのイラストを黒板の真ん中に記してその周りに栽培の工夫を箇条書きにし，→でリンゴのイラストに関係線を引くだけでも分かりやすい。

略地図も同様で，自県の略地図を真ん中に書いて，その周りに学習事項の地形や土地利用，伝統産業の産物などを配置するだけで「わたしたちの県」の学習になる。なお，地図を介在させた指導法については最近，図書を著したので参照されたい（寺本潔編著『プロが教えるオモシロ地図授業』明治図書，2007年3月発行）。

図解型板書は，事象間の関係づけや対立構造，変化のプロセスなどを全体として把握する上で有効な手段である。図解を頭の中にイメージできたとき，全体像がつかめるといえる。

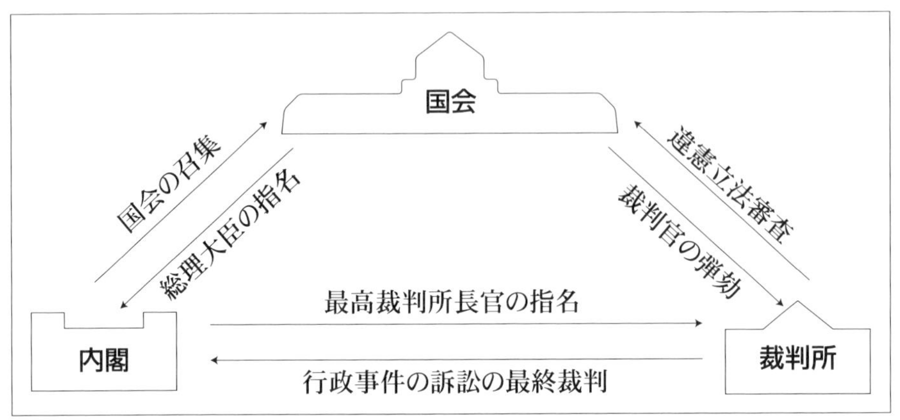

第2節　対話で学ぶ社会科授業と図解

1　対話を支える言語力

授業という場で行われる活発な話し合い活動（ここでは「対話」と呼ぶことにしたい）をいかに生み出すかは，教師にとって身に付けたい重要な姿勢である。特に社会科では，対話を通して社会事象を多面的に見る眼が養われ，公民的資質につながる能力を育成できるので重要視したい教育方法である。

もちろん，PISA 型学力向上の要である異質な他者との協同する学びの実現のために，対話は欠かせない。対話は授業の中において潤滑油のような役割を担っている。対話が少ない授業は思考の広がりや深まりも弱く，当然表現も浅いものになる。かといっていわゆる「ハイハイ授業」のように元気よく挙手を争うだけの授業場面も対話が豊かとは言えない。

真摯に仲間の意見に耳を傾け，自己内対話も進めながら批判的に物事を考え，多面的に熟考できる子どもを育成したいものである。図解は，そうした対話を誘発するきっかけともなる。

しかし，いきなり，図解を駆使し対話ができる子どもを育成することはできない。対話を支えてくれる言語力そのものを確かなものとして養っておかなくてはならないからだ。もちろん，語彙を増やす，学級の人間関係を改善する，対話のマナーを身に付けさせる，○や矢印，包含など図の意味を言語と合わせて知っているなども大事である。

例えば，「新潟県で美味しいお米がとれるわけは，統計を見ると夏の日照時間と気温が関係しているのではないか（分析）」，「もし，雪解け水が少なかったら，美味しいお米はとれないのではないか（推理）」「例えば，秋田こまちの場合は……（具体化）」「魚沼産のコシヒカリと北海道のきららを比べてみると……（比較・分析）」「まとめて言えば，東北地方は日本の米どころといえる（抽象化）」「日本の米は美味しさを追究した点はよかったが，外国産と比べてかなり高い（評価）」などといった言いまわし方がスムーズにできることが，基本的な言語力を身に付けている状態といえる。

対話は言語力の習得が前提であり，国語を始め，授業や学級指導を通して日常的に国語力を磨いていくことを平行して指導しなくてはならない。図解を通して対話を豊かにする授業を目指すなら，常に図解プラス言語力を意識した指導に心がけたい。

2　ペア対話と図解

子ども同士が，向き合って話す機会を意図的につくることは，言語力を育成する上で大切である。なぜなら，案外きちんと向き合って話す機会が少ないからだ。少子化や核家族化もその傾向を助長している原因であるので学級の仲間や教師との対話は，必要であり，意図的にでも向かい合って話す機会を設けたい。

ペア対話は，互いに向き合って話す対話である。椅子だけ向かい合う場合と机も合わせて向き合う場合とがあるが，社会科のように資料を多く活用する教科では，机の上に教科書やノートを広げて対話させるため，机ごと向かい合って対話した方がいい。ペアになって話そうとすることでアイコンタクトも習慣化でき，相手の言葉を積極的に聴こうと努める姿勢も身に付く。

ペア対話に図解を導入したら，どのような効果が生じるだろうか。互いにノートに図を描き，自分の図解と友達の図解を見比べて，その差異に気づき，新しい図解の創造につながらないだろうか。

例えば「平安時代の寝殿造の絵と鎌倉時代の武士の館の絵を比べて見て，分かったことを図解でまとめなさい。建物の造り，庭，屋敷の周りの三点を見比べて二人で協力して図にできませんか？」と資料の読み取り場面で図解につながるペア対話を促したり，「これからの自動車に必要な設備は何か，安全と環境という言葉の枠をノートに書いて，二人で話し合って枠の中に書き出してみましょう」と発想を拡げたりする場面が考えられる。

あるいは，「いろいろな気候の土地の暮らし」の学習で「ノートに簡単な日本地図を書きなさい。次にじゃんけんをして，北海道派と沖縄派に分かれて，自分が当たった派の土地の方が住みやすいという論陣を張ってください。地図の中に住みやすさの条件を図解で示しなさい」などと意図的に対話すべき論題の差異を明確化する場合もある。

3　小グループによる対話への移行

ペアで話し合い，差異がはっきりした話題を小グループに移していく指導は，意見のバリエーションを増し，集団討議へとつないでいく橋渡しとして大切なステップである。ダム開発や酸性雨被害，ゴミ投棄などを知った上で「森林を守り増やしていくことはできるのか？」を討議させる場面をいきなり，学級全体で討議させれば，発言力が強い子とそうでない子とに大きな格差が生じる。

45分間，だまって過ごす子どもを生み出してはならない。発言する機会はなくても，少なくとも，授業に参加し，うなずいたり，挙手したりする場面が大切である。そういった発言力の弱い子どもにとって，グループ討議は効果がある。グループで話し合えば，緊張感も少なくてすみ，声も大きく出さなくても聞こえるからである。

「ペアで話し合って分かったことを４人で教えあいましょう」「ペアで互いの意見の違いがはっきりしたら，隣のペアにも紹介して意見の違いの種類を増やしましょう」と教師は促せばよい。

６年の日本の歴史の学習場面で「信長，秀吉，家康のうち，誰が天下をとったといえるでしょう？」と切り込み，ペアで出てきた意見をグループで出し合っておけば，かなり戦国の世の中が分かってくるだろう。

グループ討議に司会者を決めて進めるやり方もあるが，安易に司会者を決めると発言に上下関係が生じ，司会者にとりまとめを依存する気持ちも生まれるので注意を要する。グループ討議は，グループ内の各人が出来る限り等しく考えを述べ合い，互いの考えの差異に気づくように指導することが大事なのである。

図解はそういった討議にひと役買うことができるだろう。図解をグループで討議する共通の土俵とすることができるからだ。

ところで，対話で学ぶ社会科学習では，体験 →（反省的な学び）→ 言語化 →（反省的な学び）→ 経験にいたる一連の思索のプロセスが大切であり，「反省的な学び」がいたるところに配慮された対話こそ，教師と児童の信頼関係及び児童相互の好ましい人間関係を育てることにつながる。

そのためにも教師は言語に関する能力の育成を図る上で必要な言語環境を整え，児童の言語活動を充実させたい。社会科授業においては，「反省的な学び」とは社会生活を営む上で，獲得した知識（意味）や概念（用語）と体験を照合させたり，類推させたりしながら，認知させ，社会を見ていく見方・考え方ができることを指す。図解は反省的に物事を見ていく手段となり，図示することで全体的に課題を把握する上でも役に立つだろう。

4　言語環境の整え方

言語環境を整えると前述したが，何をどうすれば整えられるのであろうか。小学校低学年では，「声のものさし」（声の大きさを対人距離との関係で説明した図やイラスト）と書いた紙を教室に貼り，「わたしのおたずねしたいことは……です」「～と思います。聞いてくれて有り難う」などと一定の発言のマナーのような指導も必要となるが，社会科が始まる中・高学年では，次の二つの配慮と一つの準備を教師は児童に促したい。

一つは「聞き方」に関する配慮である。ポイントは３つある。

①　話し手は自分に向けて話しているのか，それともほかの対象を意識して話しているのかを意識する。
②　話し手は，どんな根拠に基づいて説明しているのか。誰かの話をつなげているのか考えながら聞く。
③　話し手の説明が分からなくなったら，分からない箇所をメモするなり，記憶するなりしてすぐに説明を求める姿勢で聞く。

次に，「伝え方」に関する配慮である。これも３つのポイントがある。

①　聞き手は自分の話を相手がちゃんと聞いているか意識しながら伝える。
②　自分の考えや根拠(理由)をどのように伝えれば効果的かを考えながら伝えようと努める。
③　説明の仕方や言い方を工夫しながら伝える。

また一つの準備とは，教室に地図や新聞記事，年表，実物，図書などを常備し，社会科的な言語環境を備品面からも整備しておくことである。児童に対しても対話で登場してきた社会事象の場所を地図で確認させたり，新聞から社会で起こる出来事に関心を抱かせたりと注意を喚起する指導が必要である。

5　対話の要件と他者の理解

対話には能動的な聞き方と伝え方がその要件に備わっていなくてはならない。相手の話に半ば無関心なままでは，対話はうまくいかない。

その意味で，対話の要件に他者の理解が不可欠なのはいうまでもない。他者から発せられる言葉が，自分が理解できるか，共感できるか，そうでないか，言葉のリズムや抑揚に込められたニュアンスのような暗示に対して敏感に感受できるか，異質な意見を持っている他者を認めることができるか，などが対話を進める要件になる。

社会科の授業を例にして説明しよう。

５年の単元にある「国土を守る森林の役割」について意見を出し合う場面で，水の確保のために森林が伐採されてダムがつくられている現実を目にして，Ａ男が「ダム建設はやめて欲しい。節水をもっと進めればダムは要らなくなる」と発言したことに対して，Ｂ子が「毎日お風呂には入りたいし，農業でもたくさんの水をつかうでしょ？」と暗示めいた言葉をつぶやくように言った。それを受けて，Ｃ男が「水を使う人みんなでお金を出し合い，森を増やす資金にしていく」と森林環境税に近い発想を披露する場面など，対話によって思索が深まり，社会科として高いレベルの知識へと移行し，他者を理解しつつ，反省的な学びを取り入れ社会科のねらいに到達していくプロセスといえよう。

図解はそうした話し合いを深める上でも使える道具になる。大きな樹木の形のアイコンを黒板の中央に描き，樹木の左に「水の使用が増えるわけは？」，右に「水の使用が減らすには？」という文字を記入するだけで，水使用を話し合いの視点としながら深まるだろう。

第3節　事実認識を確かなものにするために

1　ごみの学習で図解を使う

ごみステーションでごみを集めるパッカー車は児童にとって興味関心の強い車である。どれくらいの量一度に運べるのか。どこへごみを持っていくのか。種類別に集めたごみはどう処理するのか。疑問は尽きないだろう。図解の真ん中にごみ処理場（クリーンセンター）の写真を貼り付け，そこから外側に線を数本引き，数台のパッカー車のイラストか写真につなげるとできあがる。

さらに，これを実際の地図に近い配置で跡付けることで一層の興味関心を抱かせる手立てとなる。まず，クリーンセンターがどこにあるのか，クリーンセンターにはどの範囲のごみが集められるのか，市の地図で確かめさせたい。多くのクリーンセンターは周囲に植栽が植えられ，緑いっぱいの施設になっている。

ごみを燃やすためにCO_2が発生するため，少しでも緑を増やすことで対処していること，敷地に隣接して温水プールなども設けられていてエネルギーの有効利用に努めていることなどが学習できる。市の地図で確認できることとして敷地が広いこと，市の中で比較的住宅地から離れている場所に多く立地していることを押さえたい。

さらに市の地図や地図帳が必要となるのはごみを燃やした後の灰をどこに捨てるか，埋め立て処分場の位置を調べさせることである。

例えば大阪湾にある埋め立て処分場は大阪府の市町村だけでなく，京都府や兵庫県，奈良県，和歌山県，滋賀県からも燃えないごみや燃やした後の灰が運ばれており，地図帳にも埋立地の凡例で掲載されている。さらに，地図帳の「大阪市とそのまわりのくわしい地図」には，「おもなごみの処理場」

も記号で多数掲載されている。

これら記号は毎日250トン以上のごみの焼却処分をする施設を示していて，文字通り広域の自治体に利用されている。つまり，地図帳を活用すれば，公共の仕事としてのゴミ処理から埋立地までの廃棄物のゆくえをある程度追えるのである。

大阪だけでなく，東京湾や伊勢湾などの大都市に隣接する湾にはすべて多くの埋立地が記入されている。このことはそれだけ，大都市はごみの排出が多いことを示していて，児童の実生活にも結びつく教材になる。事実，日本の総面積は地図帳の巻末の統計によれば，2002年現在，377887km^{2}となっていて，少しずつ増加しているのである。

2　粗大ごみのゆくえを地図帳で探る

いまや，自転車やバイク，冷蔵庫，テレビ，さらに車まで粗大ごみと化している。河川敷や港の空き地，公園の脇などに捨てられている。物を大切にしない生き方への反省を促す，いい教材になるが，地図学習への発展もできる。

例えば，北朝鮮の船にたくさんの廃棄自転車が載せられているシーンはテレビで見た児童も多いことだろう。発展途上国に日本のまだ使える自転車やバイク，家電製品などが輸出されている。

こうしたごみのゆくえの実態は，リユースの観点から好ましい面も含んでいるが，一方でそれだけ余計な輸送コストがかかり，日本人自身の使い捨ての習慣に反省を促す教材にもなる。あるいは既に中国などの外国にある日本メーカー工場で生産されたテレビや冷蔵庫などが商品として日本に運ばれ，日本人に購入・使用されて，再び中国に使い古しの家電製品が運ばれている部分も見られるだろう。

こうしたごみの外国への移動をどう考えるか，地図帳で確認させたりする発展的な学習もあってよい。「混ぜればごみ，分ければ資源」の標語の意味を粗大ごみまで拡げ，リユースやリサイクルできる部分を増やすライフスタイルに替えていく必要がある。地図帳にはそうした学習を裏付ける統計「1日１人あたりのごみ排出量（g)」（都道府県別）の統計も掲載されているので活用したい。

3　森林 → 河川 → 海へと辿る地図の学習

一方，飲料水の学習も地図帳で進めることが可能である。まず，雨に着目させて雨の日に増水する市を流れる河川を思い出させる。雨の日以外にもその河川の水がどこからやってくるのか，上流（源流）の森を探り森林に降った雨→河川の水につなげる。さらに河川がそそぐ湾（海）を地図帳で確認させ，太陽による蒸発散につなげば，水の循環が説明できる。

安全な水である井戸水や水道水を扱う上でもまず自然の水の循環を押さえたい。浄水場がどこから自然の水を取水しているのか，下流でなく上流に取水口があるのはなぜか，取水口からどこを通って浄水場に配水しているのか，浄水場の多くが標高の高い地点に建設されているのはなぜか，などを扱うとよい。市の地形図が大活躍するはずである。

一般に水道は児童の身近にあり，当たり前に蛇口をひねれば飲み水が出るしくみになっているため，水道水自体が「作られた公共の水」であることを認識しづらい側面がある。「安全な水」はただではないこと，税金を使って水が確保されていること，断水や汚染が無いように日夜，水道局の人たちが管理していることに気づかせることで，水道水は公共の仕事から生み出されたものとしての意味を理解させたい。

こうした内容を扱う意味でも市の地図や地図帳で浄水場や取水口の位置を確認させたり，市街地の拡がりと水道管の設置を関連付けたりしたい。

またダムの存在も是非扱いたい。森林破壊や水没集落，税金の無駄遣いなどと一部に批判が生じる側面もあるものの，ダムのおかげで水資源は確保されている。ダムの貯水率が下がれば，節水を余儀なくされる現実もある。

地図帳でも，例えば利根川の上流の群馬県矢木沢ダム（東京から約120km 北）を確認させて，首都圏の水がめの重要性に気づかせる指導が不可欠であろう。その際も必ず利根川に沿って児童自身の人差し指で辿らせたい。

つまり，ごみも水も，その発生から処理・利用まで図解や地図上で一種の流れとして扱うのである。ごみも水も私たちの生活に欠かせない要素である。安全で健康な暮らしを営む上でごみの発生を抑制したり，水の有効な利用に努めたりしてその必要性について，図解や地図を通してつかませたい。この視点は，5 年の単元「国土の環境を守る」の布石にもなるので重要である。

このように図解は社会科で扱う事実の全体像を視覚的に明らかにしてくれる点で有効な手段なのである。

第5章

単元別社会科の図解アイディア集

図解型板書を試みる場合，ヒントとなる図解をいくつかお示ししたい。全部で25のアイディアを組んでみた。基本的には，マルと三角，矢印の三つを駆使して，キーワードを厳選して示したつもりである。

本来ならば，図解は一気に完成するものでなく，児童と話し合いながら，次第に出来上がるものなので，図解の完成にいたるプロセスをお見せしたいのだが，紙面の制約上，完成形のみ示したい。図解の解説文に「導入やまとめ，問題把握」などの言葉が入っているが，この図解を使用する授業が単元全体でどこに位置づいているかがわかるようにこれらの言葉で示してみた。参考にしていただければ幸いである。

図解で板書を行う基本的な構えは，単元のねらいをいかに視覚化できるかにかかっている。教師の頭の中の図解ができてなくて，板書ができるわけがないからだ。この単元や授業でなにを児童につかませたいのか，どういった内容や概念を理解させたいのかが明確になっていれば，おのずと図解がイメージできる。

その意味で，使い古された言葉ではあるが，教材研究がやはり社会科では大切であることを図解型板書の世界は示している。さらに，児童の図解そのものの理解度も一方で教師は把握しておかなければ，空回りとなることがある。研鑽を深めたい。

3年　古い道具と昔のくらし

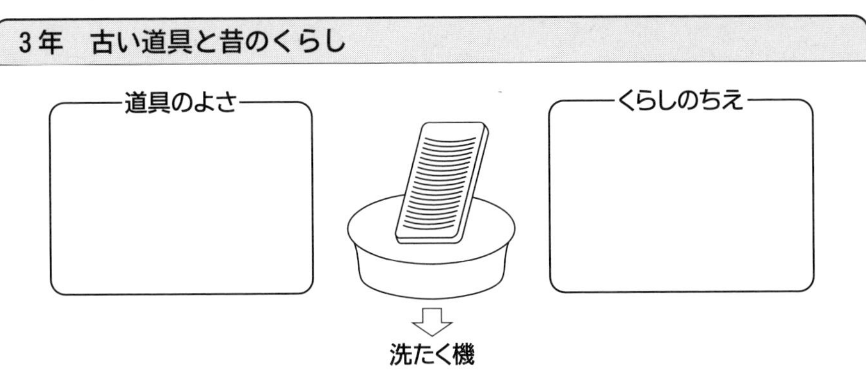

まとめ

この単元は昔の道具に隠された暮らしの知恵に気づき，人々がいつの時代も工夫を重ねて道具を使ってきた事実を知ることにある。真ん中に例えば洗濯板を描いているが題材によっては違う道具を描いてもいい。左に道具のよさを列記する。これはまず「洗濯板にはどんなよさがありますか？」と発問することで気づきが誘発しやすいからである。その後に，次第に当時の暮らしの知恵に広がる発言が出てきたら右側に記すという順序である。

3年　いろいろな商店の特色

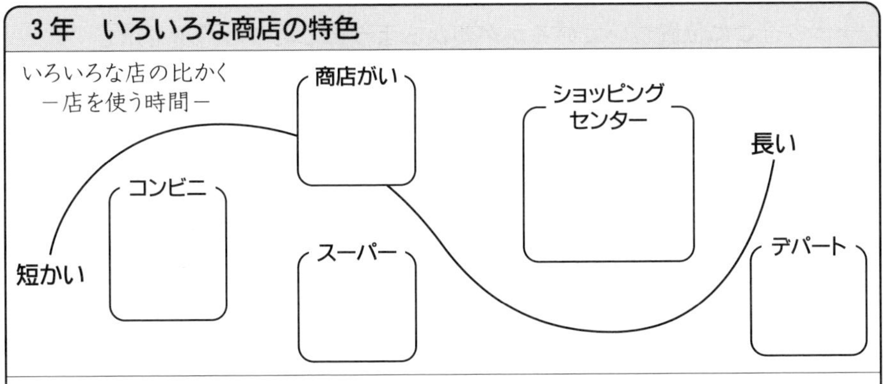

導入

自分たちが商店を利用する時間に着目して図解した。横長の黒板の特性を生かし，大きくカーブさせたタイムラインに，各種の商店を配置していく。最も利用時間が短いコンビニから最も長い都心のデパートにいたるまで示すことができる。枠の中に「買う品の種類」や「買うときの場面」(毎晩の夕飯の献立材料を買う商店街やスーパー，レジャーも兼ねて入店するショッピングセンターやデパート）に関する発言記録を列記する。

3年　スーパーの売り方の工夫

スーパーマーケットで
はたらく人

ペープサート

売り方のくふう

おかし

魚　肉

とうふ

やさい

そうざい

のみもの

レジ

買い方のくふう

導入

売り場平面図を模式的に描くのがコツである。入り口２ヵ所，レジを示す長方形，商品棚を示す太線と枠が重要な図解である。壁面に野菜，魚・肉，惣菜・飲み物などを文字で記し，内部の商品棚にできれば醤油やラーメン，お菓子などのパッケージを貼り付けてもいい。黒板の端に「お母さんペープサート」を作成して貼り付けて，それを操作して我が家の買い方の工夫やエピソードを発表させていくと面白い。

3年　わたしたちの市のようす

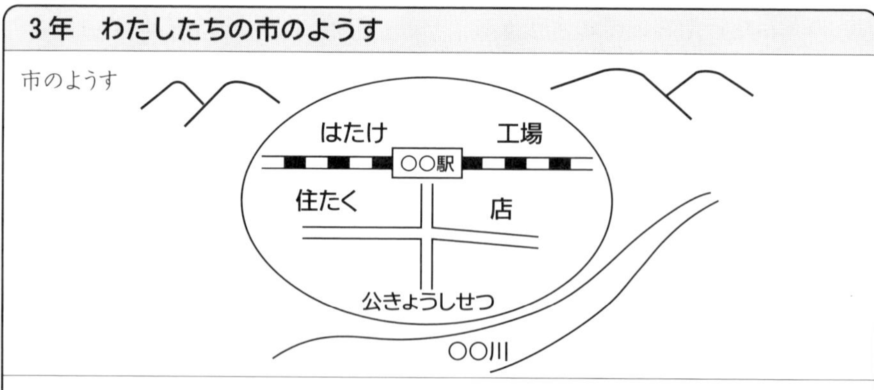

導入

大きな円を中央に描くのがコツである。市域を模式的に記して抽象化する。市域によっては特徴のある形があるかもしれないのであくまでモデルである。円の中心に駅を示し，その下の街路を書く。図の上部に山地，下部の川や海岸を配置する。場所によって市域のようすも異なる事実に気づかせる簡便な図解である。

3年　学校のまわりのようす

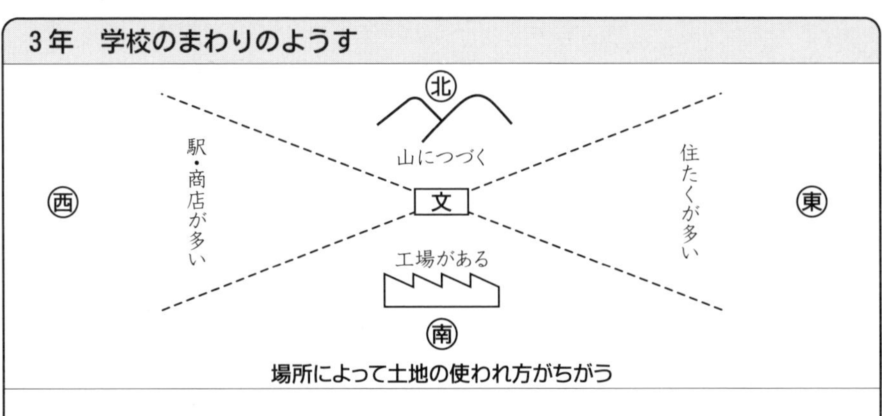

まとめ

「文」という地図記号を中央に配置し，東西南北の四つの区域に黒板を分ける。その区域に象徴的な山や住宅，工場，商店などのアイコンを配置して「場所によって違いがある」ことに気づかせる。市域によっては4つに区域を分けることが不適な地域があるかもしれない。その場合には破線の伸びる方向を変えて記すといい。

4年　わたしたちの県のようす

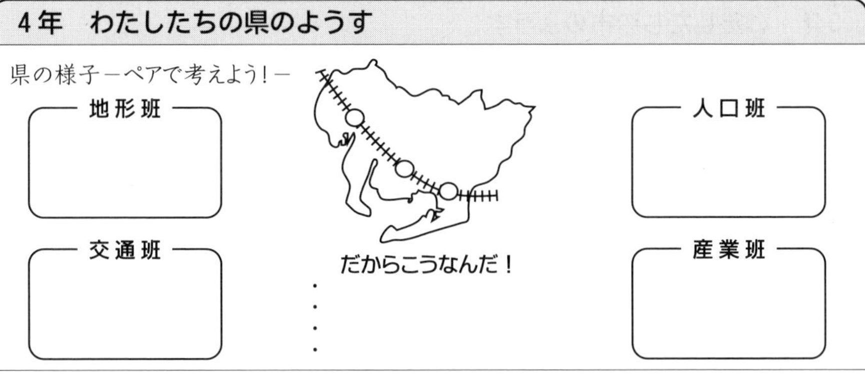

展開

黒板の中央に県の略地図をまず描く。その後で地形，交通，人口，産業の4つに分けて班で調べた内容を列記する。「愛知県は東に山が多いよ。平野が名古屋の周りに広がっている。」「自動車をつくる工場が豊田のあたりに多い。」などと調べ学習の結果をまとめていく。「だからこうなんだ……」の欄は愛知県の特色を一言でまとめる言葉を記す。要約できる言語力育成につなげる。

4年　ごみの処理と利用

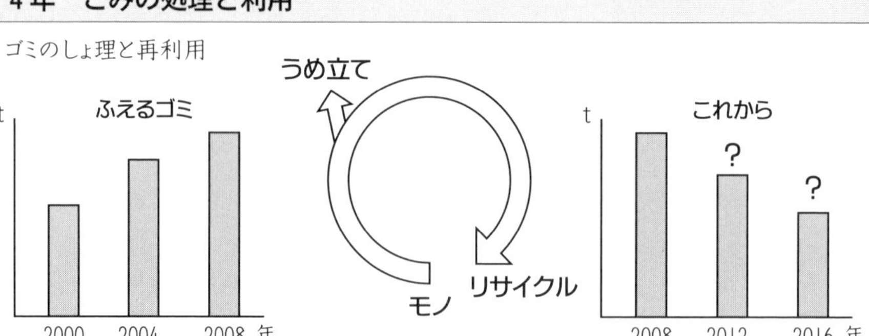

まとめ

ごみの発生抑制が一番の課題になっているゴミ問題。これを図解でどう示すかが指導の工夫である。自治体のごみの量の変化を過去数年間分棒グラフで示し，右側にリサイクルも示す大きな円を配置する。

グラフのこれからの欄に（?）を記し，ゴミ問題への対応策を自分たちも考えるように勧める。

4年　火事を防ぐ社会のしくみ

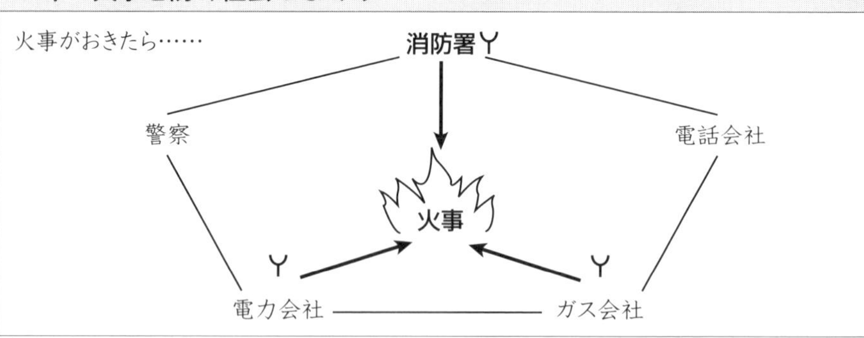

展開

大きな火事が発生した場合，複数の消防署から応援体制が組まれ，同時に警察や電力・ガス会社からも駆けつける体制をこの図で理解させる。真ん中に火災現場を表す炎のマークを赤チョークで描き，そこに向って内側に→を記入することで応援体制を図解するといい。

５年　自動車をつくる工業

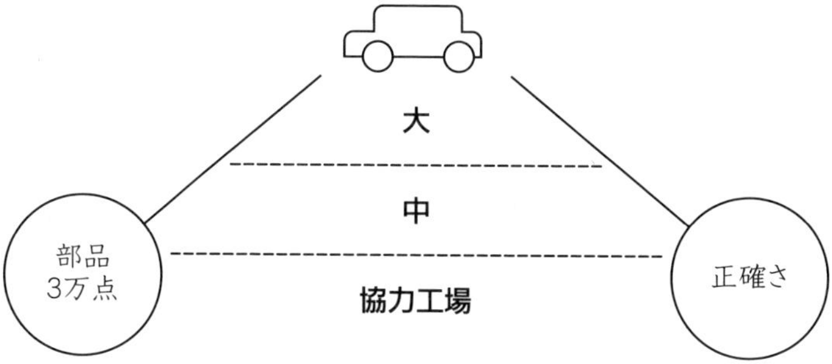

展開

日本の工業の代表として自動車生産の仕組みを三角形の図解で示すと良い。中小の工場が多く，大規模な工場が少ないのが，我が国の特色であり，かつて下請けと呼ばれていた協力工場に支えられて生産されている。

ポイントは自動車のアイコンを図の上に描き，両裾に自動車生産で必要な部品３万点と生産技術の正確さを示すと理解が進む。

５年　伝統を生かした工業

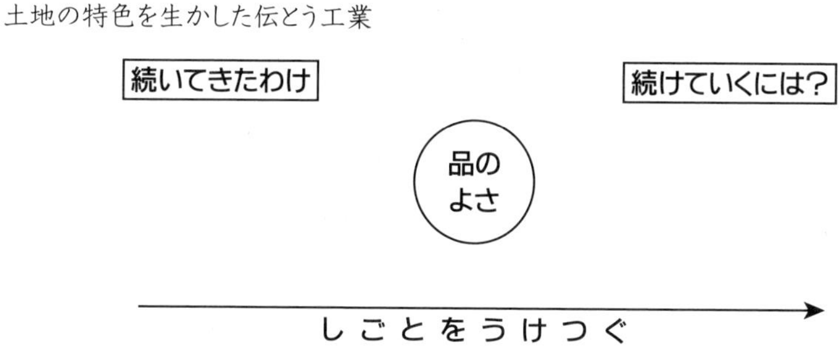

まとめ

近代的な工業と異なり，伝統的な技術や歴史を受け継ぐものづくりの意味を黒板で示すには「品のよさ」を中心に据えるといい。その下に→で「仕事を受け継ぐ」という文字を描き，伝統工業が存続していく意味を捉えさせたい。

左に「続いてきたわけ」右に「続いていくには？」と記してこれからのこの工業のあり方を自分ごととして考えるきっかけとする。

5年　米作りの盛んな庄内平野

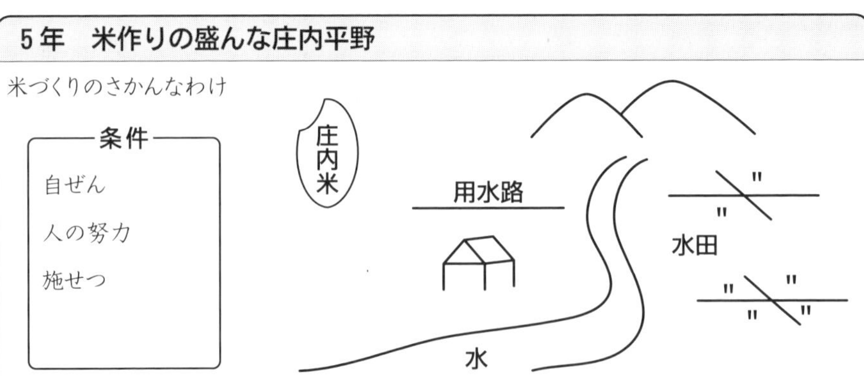

導入

庄内米に代表される美味しい米づくりの条件を「自然条件・人の努力・施設」の三点から整理する。右側に簡単な自然条件を示す日照，雪解け水，広い平野，用水路や倉庫などを配置することで視覚的に理解を促す。中央に米袋を貼り付けたり，稲わらを吊り下げても効果的であろう。

5年　放送局の働き

放送局のはたらきを調べよう～ニュース番組はどのように作られているのか?～

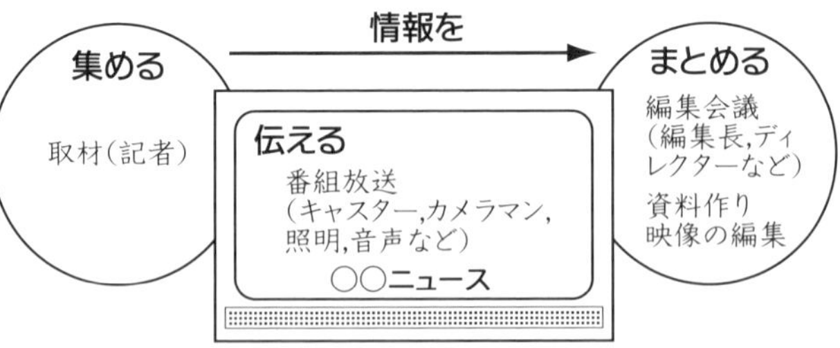

問題把握

まず，テレビ型の枠を描く。その中に，テレビの画面を通して見える番組放送にかかわる仕事を板書する。画面からは見えない仕事にも意識がいくように，テレビ型の枠に隠れるように２つの枠を描き，どのような仕事があるのか予想させ，板書していく。板書後，具体的に調べていきたいことを考えさせる。枠の中に調べたことや考えたことなどを記入させていくことで，３つの観点を意識しながら追究を続けていくことができる。

５年　情報と社会

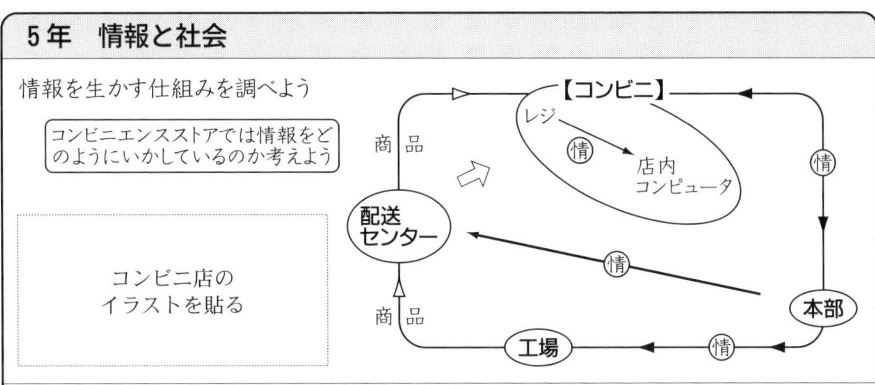

考える

初めに，コンビニ，本部，工場，配送センターを所定の位置に板書し，情報がどこからどこへ流されているのか，子どもたちの予想を，矢印で板書させる。目に見えない情報の流れを視覚化することで，情報と産業とのかかわりをとらえやすくなるとともに，産業における情報の役割についても考えることができる。

５年　さまざまな自然とくらし

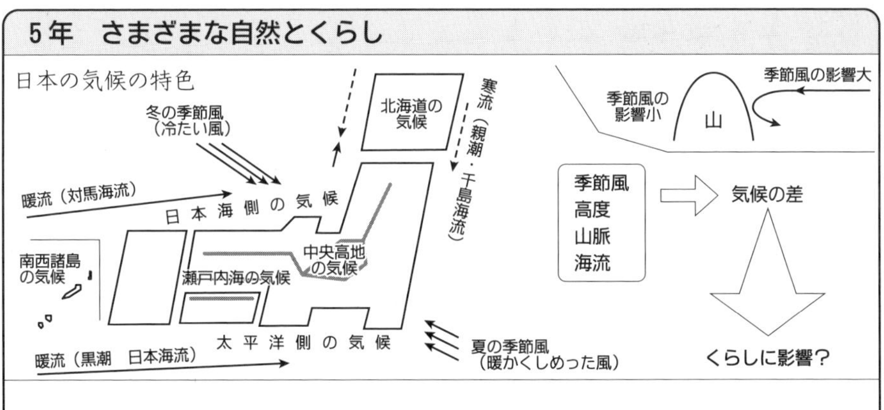

導入

簡単な日本地図を黒板に描き，山脈，海流，季節風などが気候の差の要因になっていることをとらえることができるように板書する。桜の開花日などを日本地図に書き込んでいくことで，気候の違いをより明確にとらえさせることができる。

5年　わたしたちの生活と環境

わたしたちが
目指すところは?

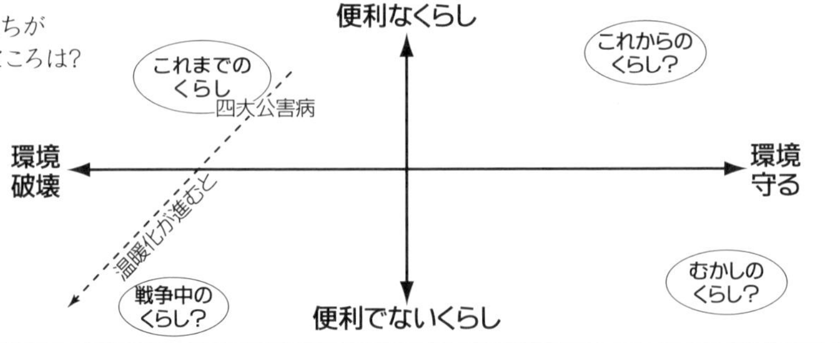

導入・まとめ

まず，縦軸，横軸を板書し，それぞれの端に「環境破壊」「環境守る」「便利なくらし」「便利でないくらし」と項目を板書する。このように板書することで「環境」「便利」という2つの視点から，より便利なくらしを求め，公害などの環境破壊を生んだ現状や，今後，わたしたちが目指すくらしなどを考えることができるようにする。

6年　米作りのむらから古墳のくにへ

米作りが伝わってむらはどのように変化していったのだろう?

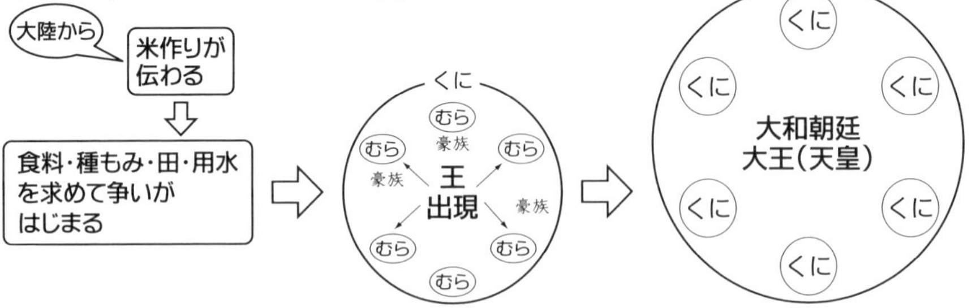

理解

教科書や資料集などから読み取ったことをもとに，「むら」「くに」「大和朝廷」と次第に規模が大きくなっていく様子を視覚化し板書することで，社会の変化をとらえやすくなると思われる。「くに」や「むら」「大和朝廷」を囲む円の大きさをそれぞれの規模に合わせ，差をつけることがポイントである。

６年　源頼朝と鎌倉幕府

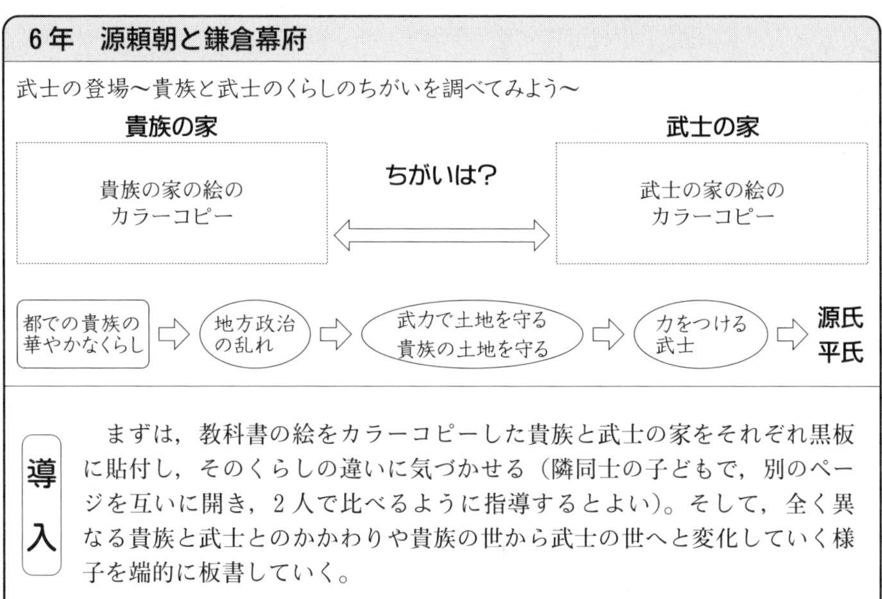

導入

まずは，教科書の絵をカラーコピーした貴族と武士の家をそれぞれ黒板に貼付し，そのくらしの違いに気づかせる（隣同士の子どもで，別のページを互いに開き，２人で比べるように指導するとよい）。そして，全く異なる貴族と武士とのかかわりや貴族の世から武士の世へと変化していく様子を端的に板書していく。

６年　３人の武将の全国統一

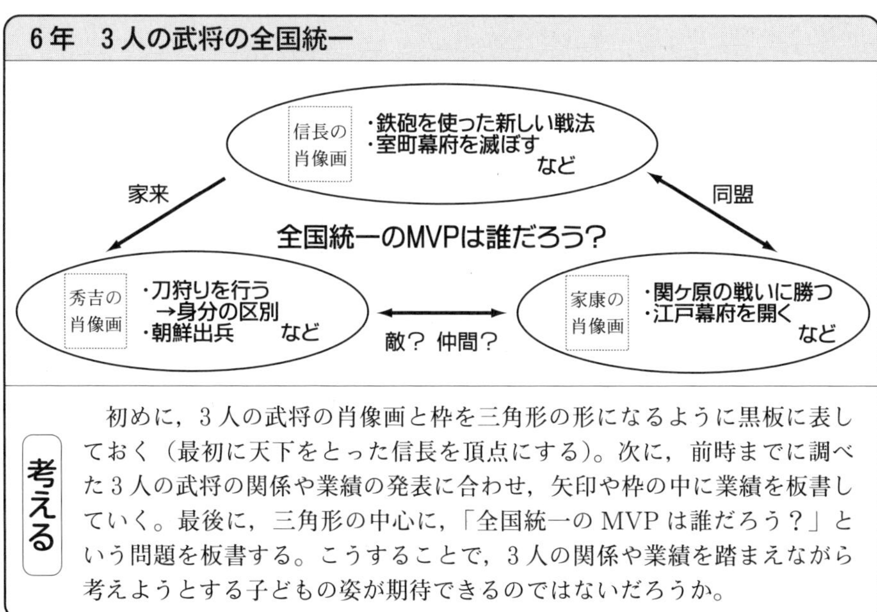

考える

初めに，３人の武将の肖像画と枠を三角形の形になるように黒板に表しておく（最初に天下をとった信長を頂点にする）。次に，前時までに調べた３人の武将の関係や業績の発表に合わせ，矢印や枠の中に業績を板書していく。最後に，三角形の中心に，「全国統一のMVPは誰だろう？」という問題を板書する。こうすることで，３人の関係や業績を踏まえながら考えようとする子どもの姿が期待できるのではないだろうか。

6年　徳川家光と江戸幕府

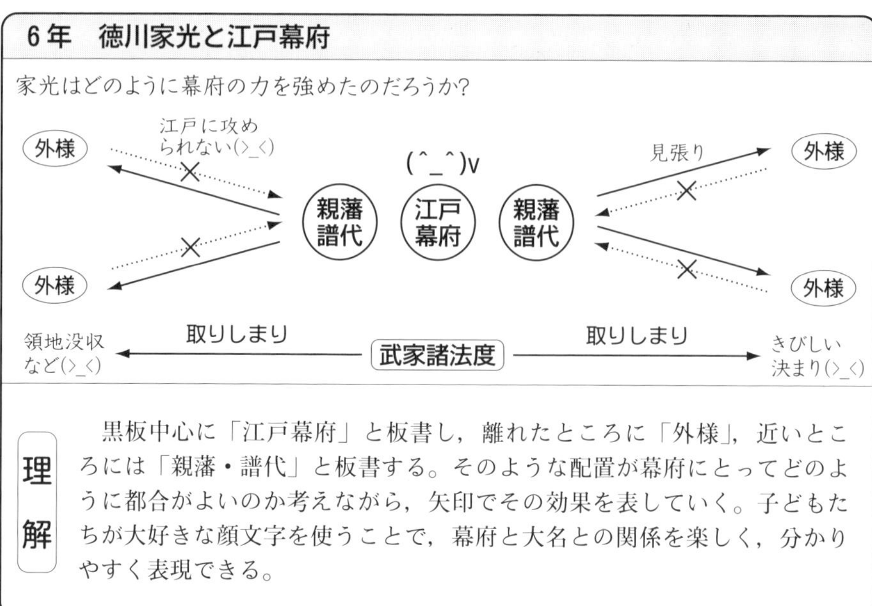

理解　黒板中心に「江戸幕府」と板書し，離れたところに「外様」，近いところには「親藩・譜代」と板書する。そのような配置が幕府にとってどのように都合がよいのか考えながら，矢印でその効果を表していく。子どもたちが大好きな顔文字を使うことで，幕府と大名との関係を楽しく，分かりやすく表現できる。

6年　明治維新をつくりあげた人々

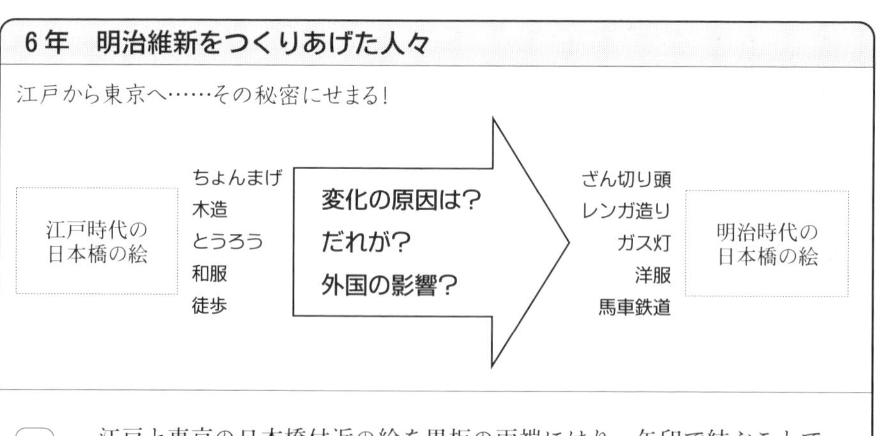

問題把握　江戸と東京の日本橋付近の絵を黒板の両端にはり，矢印で結ぶことで，この絵と絵の間，つまり20年という年数の間に，どのような変化をもたらす要因があったのかということに目を向けるようにすることができる。変化を生んだ人，外国との関係など変化の要因に関する疑問をもたせ，次時以降の学習へとつないでいくことができる。

6年　世界に歩み出した日本

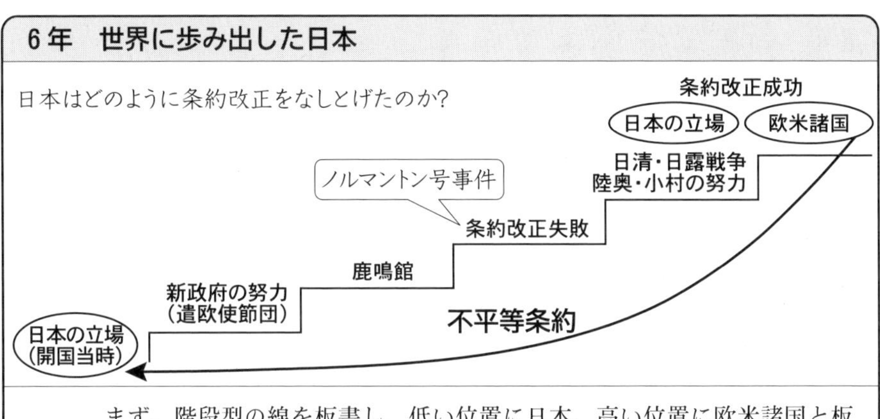

理解

まず，階段型の線を板書し，低い位置に日本，高い位置に欧米諸国と板書する。これで，視覚的にも日本の立場が低いことが分かる。その後，年表などで日本の立場が上がる要因となるものを調べ，階段型の線上に板書していくことで，様々な努力を重ね，立場が少しずつ上がっていき，やがては欧米諸国と同等の立場まで上がっていった当時の日本の様子をとらえることができる。

6年　わたしたちの願いを実現する政治

税金の働きを調べよう
どのように話し合われているの?
議会
予算
市・国収入
病院
公園
図書館など
議員
選挙
役所
税務署
その他は?
税金の種類は?
サービス
住民
税金

理解

わたしたちの納めた税金が，行政サービスとしてわたしたちに返ってくる流れが循環していることをイメージして板書していく。循環を意識して板書することで，どこかで流れが止まってしまうとこの仕組みが成り立たなくなることが分かる。この図から，税金を納めること，議会での話し合い，行政サービスの内容など，それぞれの働きがどれも重要であることを考えさせることもできる。

6年　わたしたちのくらしと日本国憲法

基本的人権は，わたしたちのくらしにどのように反映されているか？

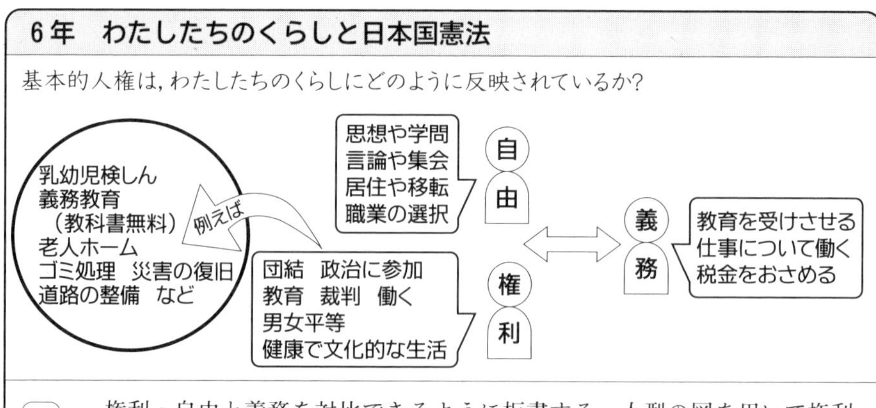

理解・思考

権利・自由と義務を対比できるように板書する。人型の図を用いて権利や義務を書き込むことで，わたしたちの行動に密接にかかわっていることをイメージしやすくできる。自由と権利については，くらしの中にある具体的な事例を大きく枠で囲んで示すことで分かりやすくなるだろう。最後に，この板書をもとに，こうした義務や権利がなかったらどのようになるのか考えさせるとよい。

6年　日本と関係の深い国々

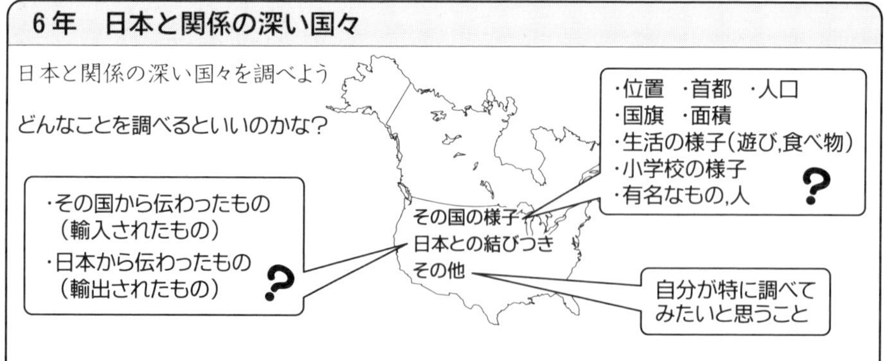

日本と関係の深い国々を調べよう
どんなことを調べるといいのかな？
·その国から伝わったもの
（輸入されたもの）
·日本から伝わったもの
（輸出されたもの）
その国の様子
日本との結びつき
その他
·位置　·首都　·人口
·国旗　·面積
·生活の様子（遊び，食べ物）
·小学校の様子
·有名なもの，人
自分が特に調べて
みたいと思うこと

計画・追究

黒板中央に簡単なその国の地図を描き，国の様子，日本との結びつき，その他という追究の柱になることを板書する。その後，具体的な事柄を子どもたちから発表させ，吹き出しの中に板書していく。追究後のまとめの場面では，この板書を参考にして，吹き出しの中に調べたことをまとめさせていくことで，まとめることが苦手な子どもにも対応できる。

６年　世界の平和と日本の役割

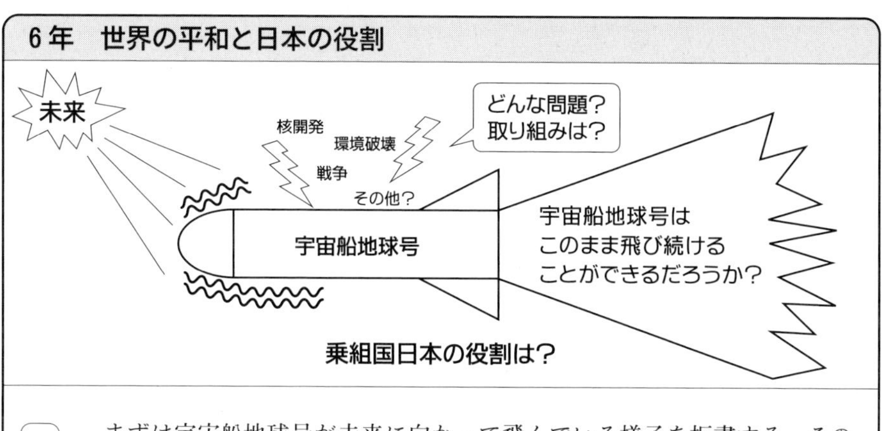

問題把握

まずは宇宙船地球号が未来に向かって飛んでいる様子を板書する。その後，今，地球で起きている問題を発表させ，板書する。この発表に合わせ，宇宙船が揺れているような様子を示す波線などを書き込むと板書も一層楽しくなる。最後に，赤で噴射している様子を描き，その中に，単元を貫く学習問題を板書する。

エピローグ

図解型板書への期待

「社会科は教えるのが難しい」という声を聞きます。自分自身，そうした声を聞いても，「こうするといいんじゃないか」と明確に答える自信がありませんでした。

そんな中，愛知教育大学大学院で，社会科を学び，研究する機会を得ました。そして，寺本潔教授と出会い，ご指導を受ける中，「図解型板書」が生まれたのです。社会科の全単元において，この図解型板書を開発することができれば，現場の教員にも大いに役に立つのではないかという思いを胸に，板書の先学や図解の概念などを研究し，実践に取り組んできました。

しかし，実際に実践に取り組んでみると，自分の思いと現実との間には，様々な壁がありました。一つは，本書の中でも述べましたが，子どもとの間に存在した図解の概念に対するずれです。この教師と子どもの間にある図解の概念に対するずれをなくしていくために，教師と子どもが図解に対して共通理解を得られるような手だての必要に迫られました。また，自分の中に思い描いている理想的な板書案に近づけようとするあまり，一方的な授業展開に陥ってしまうこともありました。押しつけ的な板書ではなく，子どもが参加し，共に作り上げていくことができるような図解型板書に向けて，さらに工夫を重ね，改善していく必要がありました。

このような反省を重ねながら実践を進めていくうちに，「分かりやすかった」「考えるのに役に立った」という子どもの感想も増えていきました。子どもの参加の仕方，矢印や枠などの配置の工夫，チョークの色分けの約束など，まだまだ解決すべき課題は多いですが，社会的な関係性を図解でとらえようとする姿勢が重要であることを，子どもたちの感想から改めて思い知らされました。地域間の結びつきや人や物の流れといった空間的な関係，過去と現在や歴史事象間の時間的な関係など，複雑な関係や構造化された事象を解き明かす社会科においては，やはり，文字だけの板書よりも図解的な板書である方がより好ましいのです。

本書で取り上げた図解型板書は，まだまだ改善の余地があると思います。ぜひ，読者の皆様に，ご検討・ご批判をいただければ幸いです。よろしくお願いします。

末筆ながら，図解型板書という新しい試みに付き合い，わたしの予想以上に社会科の授業に頑張って取り組んでくれた学級の子どもたちに感謝の気持ちを表したいです。

また，大学院での２年間の研究の機会を与えていただいた，現任校である名古屋市立正保小学校の職員の方々には，大変お世話になりました。この場を借りて心から感謝を申し上げます。

一ノ瀬喜崇

著者紹介

寺本　潔

1956年生まれ。熊本大学教育学部卒業，筑波大学大学院教育研究科修了，筑波大学附属小学校教諭を経て，現在，愛知教育大学教授。文部科学省学習指導要領作成協力者，中央教育審議会専門委員なども歴任。

一ノ瀬喜崇

1972年生まれ。三重大学教育学部社会教育コース卒業，愛知教育大学大学院教育学研究科修士課程修了，現在，名古屋市立正保小学校勤務。

授業力＆学力アップ！　図解型板書で社会科授業

2008年9月10日　初版発行

著　者	寺本　潔 一ノ瀬喜崇
発行者	武馬久仁裕
印　刷	株式会社　一誠社
製　本	協栄製本工業株式会社

発行所　株式会社　黎明書房

〒460-0002　名古屋市中区丸の内3-6-27　EBSビル
☎052-962-3045　FAX 052-951-9065　振替・00880-1-59001
〒101-0051　東京連絡所・千代田区神田神保町1-32-2
南部ビル302号　☎03-3268-3470

落丁本・乱丁本はお取替します。　ISBN 978-4-654-01804-8